RENAÎTRE
CHAQUE ANNÉE

JOYCE DUVAL

RENAÎTRE
CHAQUE ANNÉE

Le lotus & l'éléphant

SOMMAIRE

PARTIE 4

PARTIE 5

ANNEXES

L'ASTROLOGIE EN HÉRITAGE

« L'astronomie est la loi des astres.
L'astrologie est le discours des astres.
L'ascendant est l'expression de votre personnalité. »

EXPÉRIENCE DE L'AUTEURE

Comment je vis avec mes ascendants et comment je m'en sers ?

Personnellement, je suis Verseau ascendant Cancer, deux signes très différents et peu compatibles. Le Verseau est un signe de la lignée Soleil, axé sur le futur, et le Cancer est un signe de la lignée Lune, axé sur le passé. Dans la première partie de ma vie, sous l'influence du Verseau, j'étais à l'image de ce signe, c'est-à-dire indépendante, libre-penseuse, portée vers l'avenir. Vers la trentaine, j'ai commencé à voir se manifester de manière tangible l'ascendant Cancer dans ma vie de tous les jours. Sous l'influence de ce signe plutôt famille, j'ai désiré un enfant, me suis penchée sur mes racines et sur la genèse du monde.

Désirant transmettre mon savoir, j'ai créé des outils que j'ai expérimentés personnellement et dans mon entourage. Le premier était un tableau comparatif du signe solaire, et de l'ascendant natal se basant sur l'Identité cosmique des signes.

Dans les années 1980, j'ai calculé tous mes thèmes de révolution solaire depuis ma naissance jusqu'en 2025, pour connaître le climat de chaque année. Je les ai imprimés et consignés dans un classeur pour les avoir toujours à portée de main. Puis, j'ai créé une grille permettant de réunir tous mes ascendants annuels. Je me suis ainsi rendu compte que certains ascendants revenaient plus souvent et que d'autres se faisaient plus rares. Parallèlement, je notais dans un Carnet, année par année, les événements les plus marquants de ma vie (études, mariage, maternité), en précisant à chaque fois l'ascendant annuel.

En faisant une relecture de ma vie passée, j'ai remarqué que toutes les années où j'étais ascendant Lion avaient été particulièrement favorables sur le plan professionnel et financier. J'ai constaté que l'année où j'étais ascendant Sagittaire (le signe des voyages), je suis partie un mois et demi en Amérique du Sud. Je me suis aperçue que l'année où je suis tombée enceinte, j'étais ascendant Cancer (le signe de la maternité) et que celle où j'ai divorcé, j'étais ascendant Bélier (un signe de renouveau).

Il y a peu, j'ai découvert un site de calcul en ligne ultra-rapide qui m'a donné envie de calculer mes ascendants annuels pour les trente années à venir. Le résultat m'a stupéfiée. Je me suis rendue compte qu'ils suivaient des cycles récurrents et que la vie qui m'attendait allait être horriblement répétitive. Mon avenir ne m'enchantait guère.

C'est alors que je me suis souvenue qu'il était possible de changer d'ascendant. Cela peut sembler impensable, mais astrologiquement parlant, c'est envisageable. Il suffit d'être dans une autre ville le jour de son anniversaire pour que l'ascendant change. Bien sûr, cela implique de faire quelques calculs assez simples et de boucler ses valises.

Je suis donc partie fêter mon anniversaire à Istanbul pour avoir un ascendant annuel Lion. Cet ascendant m'ayant été précédemment favorable pour ma carrière, au lieu de rester à Paris et d'avoir un ascendant annuel Cancer. Bien m'en a pris, car ma famille m'a offert le voyage et m'a accompagnée. Dès les premiers mois, j'ai remarqué que j'étais plus volontaire, plus dynamique, plus chaleureuse. Je m'occupais davantage de moi, de mon image, de ma santé.

Dans l'ensemble, l'année s'est avérée féconde: j'ai signé plusieurs contrats d'édition, fait de nombreuses interviews et ai été le coup de cœur de mon éditeur pour le coffret divinatoire, *Les dés d'Isis* qui a caracolé en tête des ventes dès sa sortie.

L'année suivante, j'ai voulu récidiver, persuadée que l'ascendant annuel Lion était le meilleur choix. J'aurais dû me rendre aux Açores ou encore à Recife, au Brésil mais je n'en avais aucune envie. J'ai donc revu ma stratégie d'ascendants. Comme je devais avoir un ascendant annuel Vierge, j'ai porté mon dévolu sur un ascendant annuel Balance, un signe voisin de la Vierge dans l'ordre zodiacal, que j'avais déjà expérimenté et qui m'avait laissé un bon souvenir.

Après avoir hésité entre plusieurs destinations, mon choix s'est porté sur Malte que je ne connaissais pas. Enthousiasmée par tous ces voyages, j'ai programmé toutes mes destinations pour les trois années à venir en fonction des ascendants annuels qui me plaisaient le plus. Et vous savez quoi ? Il n'est pas toujours nécessaire de partir au bout du monde pour changer d'ascendants annuels. En choisissant un signe voisin dans l'ordre zodiacal, prendre la voiture ou le train peut parfois suffire. Je vais même pouvoir me rendre chez des amis en voiture et fêter mon anniversaire avec eux.

Je vous laisse découvrir ce livre et les nombreux secrets dont il regorge.

UN LIVRE RIEN QUE POUR VOUS

Cet ouvrage parle de vous, de votre ascendant natal, de vos ascendants annuels, comment les expérimenter et comment en changer. Il a pour vocation de rendre à l'ascendant annuel ses lettres de noblesse perdues au début du XXe siècle avec l'arrivée des médias de masse, des horoscopes de presse et du signe solaire, plus simple à calculer.

Au début du livre, l'auteure partage son expérience personnelle avec ses ascendants, vous propose un glossaire chronologique, met en lumière les cadeaux d'anniversaire du Soleil et vous révèle l'Identité cosmique des douze signes zodiacaux. Une aide précieuse pour vous familiariser avec vos ascendants et mieux les comprendre. La première partie de l'ouvrage est exclusivement consacrée aux énergies de l'ascendant natal et à la manière dont il tente de s'imposer pendant la seconde partie de votre vie.

La deuxième partie est exclusivement dédiée à l'ascendant annuel. Vous découvrirez que chaque année, le jour de votre anniversaire, en dressant une carte du ciel appelée « révolution solaire », vous bénéficiez d'un nouvel ascendant. Sa particularité est de teinter l'année en cours et de vous faire entrevoir de nouvelles facettes de votre personnalité. Au fil des ans, vous allez explorer de nouveaux ascendants et relever des défis inspirants.

En troisième partie, l'auteure vous invite à expérimenter vos ascendants annuels en utilisant une méthode prédictive innovante basée sur le principe de relecture de vie avec vos ascendants. Elle nécessite un Carnet d'ascendants pour noter les faits marquants de chaque année depuis votre naissance et une Table des ascendants annuels afin de tous les regrouper. À la lumière des événements passés, vous identifierez les ascendants les plus favorables et ceux qui le sont moins. Vous pourrez même savoir à l'avance ce que l'avenir vous réserve en calculant vos ascendants prévisionnels.

Dans la quatrième partie de cet ouvrage, vous apprendrez qu'un ascendant annuel n'est pas immuable et que vous pouvez en changer juste en changeant de ville, à l'aide d'une Recherche express ou d'une carte du monde zodiacale.

La dernière partie du manuscrit réunit deux documents indispensables : votre Carnet d'ascendants personnel et votre Table des ascendants annuels, pour expérimenter vos ascendants et mettre en pratique les enseignements de cet ouvrage.

À l'heure où l'astrologie a le vent en poupe, il est temps d'en apprendre davantage sur la place prépondérante que tiennent l'ascendant natal et l'ascendant annuel dans votre vie. Que cet ouvrage intime, qui n'appartient qu'à vous et ne se prête pas, devienne un guide de votre développement personnel, contribue à une meilleure compréhension de vous-même, vous accompagne tout au long de votre vie et vous aide à bénéficier d'une existence harmonieuse. Et si vous avez des enfants, n'hésitez pas à leur offrir ce livre préalablement rempli quand ils seront plus grands. Ils seront heureux de découvrir un condensé de leur passé et de le compléter à leur tour. Ce livre étant un cadeau du Soleil, il deviendra pour eux un merveilleux cadeau d'anniversaire.

GLOSSAIRE CHRONOLOGIQUE

Avant J.-C.	
IIIe millénaire	Naissance de l'astrologie en Mésopotamie. Premiers présages célestes gravés sur des tablettes d'argile.
IIe millénaire	Découverte des constellations du Zodiaque, une bande du ciel permettant de suivre la course apparente du Soleil en une année.
Ier millénaire	Premiers horoscopes (thèmes astrologiques) destinés exclusivement au roi et à son pays.
VIe siècle	Division de la sphère céleste par les Babyloniens en douze constellations. Archivage des phénomènes célestes.
Ve siècle	Division du Zodiaque en douze signes de 30° chacun. Premiers horoscopes individuels. Création du concept des quatre éléments par le grec Empédocle d'Agrigente.
IVe siècle	Les Grecs instaurent l'art de la prédiction pour tous.
IIe siècle	Premières traces de domification (système des Maisons astrologiques). La Maison I, lieu où se lèvent les planètes, désigne l'ascendant et devient un élément décisif de l'horoscope.

Après J.-C.

Ier siècle	Premières révolutions solaires connues (thème prévisionnel calculé chaque année à la date anniversaire, désignant l'ascendant annuel).
IIe siècle	L'astrologue grec Ptolémée établit les bases de l'astrologie occidentale. Il privilégie le Zodiaque tropical au Zodiaque sidéral et met en avant les Dignités planétaires – domicile des planètes.
Ve siècle	Âge d'or de l'astrologie byzantine et des horoscopes politiques jusqu'à la chute de Constantinople en 1453.
XVIIe siècle	L'astrologue français Morin de Villefranche privilégie le lieu de résidence au lieu de naissance dans le calcul des révolutions solaires. Le mathématicien Placidus édite les Tables des Maisons Placidus.
XIXe siècle	L'astrologue anglais Alan Leo prône l'étude du caractère plutôt que celui de la destinée.
XXe siècle	Dans les années 1930, le signe solaire est mis en vedette dans les médias de masse au détriment du signe ascendant qui régnait alors en maître. En 1937, Marie Claire publie le premier horoscope de presse. En 1966, Astro-Flash édite des thèmes personnalisés sur papier, conçus par les astrologues André Barbault et Jean-Pierre Nicola.
XXIe siècle	En 2002, le français Philippe Lepoivre de Vesle crée le site Astrothème. En 2007, le tchèque Petr Soural conçoit le site Astro-Seek.

SOLEIL, DIS-MOI TOUT !

Le Soleil est l'astre de la vie. Sa position sur le cercle zodiacal est liée à votre date de naissance et à celles de tous vos anniversaires. C'est au cours de ces moments-là que le Soleil se manifeste dans votre vie et vous fait bénéficier de ses faveurs, à sa manière !

BIENVENUE AU MONDE !

Le Soleil fait le tour du Zodiaque en une année de 365 jours, 5 heures 48 minutes et 46 secondes, appelée « année solaire ». Elle est composée de douze mois portant chacun le nom d'un signe.
Lors de son périple, l'astre du jour suit le cycle saisonnier. Il commence sa course le premier jour du printemps, dans le signe du Bélier, et la termine le dernier jour de l'hiver, dans le signe du Poissons. C'est pourquoi l'année solaire est également appelée « année saisonnière ».
Pour identifier votre signe solaire, il suffit de connaître votre jour et votre mois de naissance puis de vous reporter au tableau ci-dessous. Le changement de signe solaire s'opère aux alentours du 20 de chaque mois.

Dates d'entrée du Soleil dans chaque signe (à un jour près) selon l'ordre des saisons.

Mois	***Saisons***	***Signes***		***Dates***
Mois 1	Printemps	♈	**Bélier**	21 mars-20 avril
Mois 2	Printemps	♉	**Taureau**	21 avril-21 mai
Mois 3	Printemps	♊	**Gémeaux**	22 mai-21 juin
Mois 4	Été	♋	**Cancer**	22 juin-22 juillet
Mois 5	Été	♌	**Lion**	23 juillet-22 août
Mois 6	Été	♍	**Vierge**	23 août-22 septembre
Mois 7	Automne	♎	**Balance**	23 septembre-22 octobre
Mois 8	Automne	♏	**Scorpion**	23 octobre-22 novembre
Mois 9	Automne	♐	**Sagittaire**	23 novembre-23 décembre
Mois 10	Hiver	♑	**Capricorne**	23 décembre-20 janvier
Mois 11	Hiver	♒	**Verseau**	21 janvier-19 février
Mois 12	Hiver	♓	**Poissons**	20 février-20 mars

Attention : *certaines personnes naissent le jour d'un changement de signe. Pour connaître précisément votre signe solaire, vous pouvez vous rendre sur un site de calcul de thèmes de naissance en ligne ou consulter un astrologue de l'école du Zodiaque. L'heure de naissance permet d'obtenir alors la position exacte du Soleil, au degré près, dans le cercle zodiacal.*

JOYEUX ANNIVERSAIRE : LE TRIPLE CADEAU DU SOLEIL

Le jour de votre anniversaire correspond au retour du Soleil dans votre signe de naissance après un an d'absence. Et cela se fête ! Ce jour-là, le Soleil vous fait bénéficier de ses faveurs et vous offre trois merveilleux cadeaux.

1er cadeau - Le Soleil renouvelle vos énergies

La première faveur que vous fait le Soleil, le jour de votre anniversaire, est en relation avec vos énergies de vie. Ce jour-là, il vous fait bénéficier d'un surcroît d'énergie solaire qui va perdurer pendant les douze mois à venir. Lorsque vous vous sentez fatigué, au cours du mois qui précède son arrivée, ne vous inquiétez pas. Dès son retour, vous vous sentirez énergisé à nouveau. Ainsi, chaque anniversaire est une renaissance solaire.

2e cadeau - Le Soleil vous envoie un message

Le deuxième présent que vous offre le Soleil concerne votre avenir. Certaines années, l'astre du jour vous délivre un message subliminal qui vous est personnellement destiné. Soyez à votre écoute, dès le matin de votre anniversaire et au cours des deux ou trois jours qui suivent, pour en prendre connaissance et le mettre en pratique.

3e cadeau - Le Soleil vous fait bénéficier d'un nouvel ascendant

Le troisième cadeau que vous délivre le Soleil concerne les douze mois à venir. Pour célébrer en beauté votre anniversaire et saluer son retour après un an d'absence, l'astre du jour vous prodigue un nouvel ascendant, dénommé « ascendant annuel », afin de nuancer votre année, expérimenter un nouvel art de vivre et découvrir de nouvelles facettes de votre personnalité.

TÉMOIGNAGE DE L'AUTEURE

Ce livre est un cadeau du Soleil. L'idée m'en est venue à mon réveil, deux jours après mon anniversaire. Je l'ai immédiatement proposé à mon éditeur, qui a accueilli ce projet avec enthousiasme. Il ne me restait plus qu'à l'écrire afin qu'il soit publié. Et maintenant, c'est chose faite.

IDENTITÉ COSMIQUE DES DOUZE SIGNES DU ZODIAQUE

Dans le cercle zodiacal, chaque signe astrologique possède sa propre Identité cosmique définie par sa lignée, son élément, son rôle, sa planète et sa saison. Au sein d'une même lignée, d'un même élément, d'une même saison ou d'une même planète, les signes s'entendent bien entre eux.

Les lignées

Dans le Zodiaque, il y a deux lignées. La lignée Soleil et la lignée Lune. Les six signes de la lignée Soleil sont actifs et positifs. Les six signes de la lignée Lune sont prudents et réceptifs.

Les éléments

Dans chaque lignée, il y a deux éléments. La lignée Soleil est composée des trois signes chaleureux et dynamiques de l'élément Feu et des trois signes cérébraux et adaptables de l'élément Air. La lignée Lune rassemble les trois signes émotifs et sensibles de l'élément Eau et les trois signes réalistes et concrets de l'élément Terre.

Les rôles

Dans chaque élément, il y a trois rôles. Chaque signe a le sien. Le chef, conçu pour initier et commander, l'organisateur, conçu pour stabiliser et planifier, et le réalisateur, conçu pour exécuter et finaliser.

Les planètes

Dans le Zodiaque, il y a dix planètes. Chacune d'elles favorise un ou deux signes et lui accorde un bienfait. Le Soleil attribue la réussite, la Lune : la popularité, Mercure : l'intelligence, Vénus : la séduction, Mars : la combativité, Jupiter : la richesse, Saturne : la sagesse, Uranus : l'esprit visionnaire, Neptune : le sens de l'anticipation et Pluton : l'art de rebondir.

Les saisons

Dans le Zodiaque, il y a quatre saisons. Chacune imprègne trois signes à son image. Les trois signes nés au printemps sont joyeux, les trois signes nés en été sont tranquilles, les trois signes nés en automne sont profonds et les trois signes nés en hiver sont patients.

Tableau récapitulatif des Identités cosmiques des signes

Signes	*Lignées*	*Éléments*	*Rôles*	*Planètes*	*Saisons*
♈ Bélier	☉ Soleil	Feu	Chef	♂ Mars	Printemps
♉ Taureau	☾ Lune	Terre	Organisateur	♀ Vénus	Printemps
♊ Gémeaux	☉ Soleil	Air	Réalisateur	☿ Mercure	Printemps
♋ Cancer	☾ Lune	Eau	Chef	☾ Lune	Été
♌ Lion	☉ Soleil	Feu	Organisateur	☉ Soleil	Été
♍ Vierge	☾ Lune	Terre	Réalisateur	☿ Mercure	Été
♎ Balance	☉ Soleil	Air	Chef	♀ Vénus	Automne
♏ Scorpion	☾ Lune	Eau	Organisateur	♂ Mars ♇ Pluton	Automne
♐ Sagittaire	☉ Soleil	Feu	Réalisateur	♃ Jupiter	Automne
♑ Capricorne	☾ Lune	Terre	Chef	♄ Saturne	Hiver
♒ Verseau	☉ Soleil	Air	Organisateur	♄ Saturne ♅ Uranus	Hiver
♓ Poissons	☾ Lune	Eau	Réalisateur	♃ Jupiter ♆ Neptune	Hiver

CE QU'IL FAUT RETENIR DES 12 SIGNES

- *Chaque signe vient d'une **lignée**, fait partie d'un **élément** et a un **rôle** à jouer.*
- *Chaque signe bénéficie des faveurs d'une **planète** et d'un bienfait particulier.*
- *Chaque signe est à l'image de la **saison** qui l'a vu naître.*

LE BÉLIER

Tout feu, tout flamme

Naissance du 20/21 mars au 20/21 avril

Identité cosmique du Bélier

Lignée	Soleil	**Énergie**	Positive
Élément	Feu	**Qualité**	Chaleureux
Rôle	Chef	**Fonction**	Commander
Planète	Mars	**Bienfait**	Combativité
Saison	Printemps	**Nature**	Joyeuse

LIGNÉE SOLEIL

Originaire de la lignée Soleil, le Bélier a hérité du goût de l'action et d'un bel optimisme qui lui permettent de se projeter facilement dans l'avenir. À ce titre, il bénéficie d'énergies positives, actives, masculines et dynamiques qui le rendent indépendant, autonome, libre et extraverti dans sa manière de vivre, d'agir, de penser, de s'exprimer et de se comporter.

ÉLÉMENT FEU

Le Bélier est un signe de Feu volontaire, tonique et chaleureux. Il a pour principales qualités d'être enthousiaste, ardent, enflammé, plein d'entrain, mais il peut aussi se montrer colérique, impulsif et fougueux.

RÔLE CHEF

Bénéficiant du statut de chef, notamment de chef de bande ou d'entreprise, le Bélier est doué pour commander, impulser, décider, initier, diriger les autres et se faire obéir avec détermination et autorité en donnant des ordres secs et brefs. C'est pourquoi il incarne le commencement, celui par qui tout arrive.

PLANÈTE PERSONNELLE MARS

Mars, la planète de la guerre, apporte à ce signe de belles qualités comme l'audace, le courage, une volonté de fer et des énergies sans cesse renouvelées. Elle le fait bénéficier notamment d'une grande assurance, d'une soif de vivre intense, d'un bel esprit d'entreprise, du sens de la compétition qui aiguise son envie de vaincre.

Bienfait : *la combativité.*

Domaines de prédilection : *Travail-Créativité-Énergie-Sport*

SAISON PRINTEMPS

Le Bélier incarne la nature en plein renouveau printanier. Au cours de cette période, la sève monte dans les arbres et fait sortir les bourgeons. Sa psyché est à l'image de sa saison de naissance. Elle l'invite à renaître, à percer, à s'extérioriser, à s'ouvrir à la nouveauté et elle lui transmet une immense joie de vivre.

LE TAUREAU

La force tranquille

Naissance du 20/21 avril au 21/22 mai

Identité cosmique du Taureau

Lignée	Lune	**Énergie**	Réceptive
Élément	Terre	**Qualité**	Réaliste
Rôle	Organisateur	**Fonction**	Organiser
Planète	Vénus	**Bienfait**	Séduction
Saison	Printemps	**Nature**	Joyeuse

LIGNÉE LUNE

Appartenant à la lignée Lune, le Taureau a hérité de sensibilité et d'affectivité ce qui l'incite à vivre de préférence au présent tout en tenant compte du passé. À ce titre, il bénéficie d'énergies intuitives, féminines et calmes qui le rendent prudent et modéré dans sa manière de vivre, d'agir, de penser, de s'exprimer et de se comporter.

ÉLÉMENT TERRE

Le Taureau est un signe de Terre pratique, réaliste, concret et endurant. Il a pour principales qualités d'avoir les pieds bien ancrés au sol, le sens des acquis et une attirance marquée pour les biens matériels, mais il peut se montrer parfois têtu et intolérant.

RÔLE ORGANISATEUR

Bénéficiant du statut d'organisateur, le Taureau apporte sa force, sa stabilité, sa persévérance, sa solidité et son sens de l'ordre. Il a pour fonction de planifier, structurer, agencer, ordonnancer, classer, trier, ranger et persévérer avec pragmatisme. C'est pourquoi il fait souvent un excellent second ou un merveilleux bras droit.

PLANÈTE PERSONNELLE VÉNUS

Vénus, la planète de l'amour, concède à ce signe l'art de plaire, de se mettre en valeur et de charmer, ainsi qu'une grande sensualité et l'envie de bâtir une famille. De même, elle le fait bénéficier d'une nature épicurienne, d'un goût certain pour les plaisirs de la table et lui offre une jolie voix et la main verte.

Bienfait : *la séduction.*

Domaines de prédilection : *Amour-Argent-Acquisitions-Travail-Arts plastique Chant-Jardinage*

SAISON PRINTEMPS

Le Taureau est né au beau milieu du printemps, au moment où la vie en plein air salue l'arrivée des beaux jours. Sa psyché s'en ressent et révèle une grande allégresse et l'envie de profiter pleinement des plaisirs de la vie. Elle l'invite à vivre en harmonie avec la nature et lui transmet une nature joyeuse.

LE GÉMEAUX

L'humour en bandoulière

Naissance du 21/22 mai au 21/22 juin

Identité cosmique des Gémeaux

Lignée	Soleil	**Énergie**	Positive
Élément	Air	**Qualité**	Adaptable
Rôle	Réalisateur	**Fonction**	Réaliser
Planète	Mercure	**Bienfait**	Intelligence
Saison	Printemps	**Nature**	Joyeuse

LIGNÉE SOLEIL

Originaire de la lignée Soleil, le Gémeaux a hérité du goût de l'action et d'un bel optimisme qui lui permet de se projeter facilement dans l'avenir. À ce titre, il bénéficie d'énergies positives, actives, masculines et dynamiques qui le rendent indépendants, autonomes, libres et extravertis dans sa manière de vivre, d'agir, de penser, de s'exprimer et de se comporter.

ÉLÉMENT AIR

Le Gémeaux est un signe d'Air léger, aérien et rapide. Il a pour principales qualités d'être adaptable, flexible, cérébral, vif, sociable. Il est curieux, pétillant, assoiffé de connaissances, mais Il peut se montrer parfois enfantin, superficiel et taquin.

RÔLE RÉALISATEUR

Bénéficiant du statut de réalisateur, le Gémeaux a l'incroyable capacité de pouvoir faire plusieurs choses en même temps. Il est doué pour exécuter, mettre au point, parfaire, transformer, accomplir, finir, terminer et achever.
C'est pourquoi il excelle dans la rapidité d'exécution.

PLANÈTE PERSONNELLE MERCURE

Mercure, la planète de la communication, confère au Gémeaux de la logique, de l'éloquence, une grande vivacité d'esprit, le goût de lire et d'écrire, et une grande jeunesse d'esprit. Elle le fait bénéficier d'une curiosité accrue, d'un humour exceptionnel et accentue son besoin constant d'être en mouvement et de se déplacer.

Bienfait : *l'intelligence.*

Domaines de prédilection : *Études-Commerce-Rencontre-Négociation-Déplacement*

SAISON PRINTEMPS

Quel bonheur pour le Gémeaux de naître au moment où la nature sonne la fin de la phase printanière. Les journées sont incroyablement longues, douces et lumineuses, et il n'y a qu'à se baisser pour profiter de ses largesses. Sa psyché est à l'image de sa saison de naissance. Elle lui dispense de la bonne humeur, le goût des choses simples et lui transmet une formidable joie de vivre.

♋

LE CANCER

Au pays des rêves

Naissance du 21/22 juin au 22/23 juillet

Identité cosmique du Cancer

Lignée	Lune	**Énergie**	Réceptive
Élément	Eau	**Qualité**	Sensible
Rôle	Chef	**Fonction**	Commander
Planète	Lune	**Bienfait**	Popularité
Saison	Été	**Nature**	Tranquille

LIGNÉE LUNE

Appartenant à la lignée Lune, le Cancer a hérité de sensibilité et d'affectivité, ce qui l'invite à vivre au présent tout en tenant compte du passé. À ce titre, il bénéficie d'énergies réceptives, intuitives, occultes, féminines et calmes qui le rendent prudent et imaginatif dans sa manière de vivre, d'agir, de penser, de s'exprimer et de se comporter.

ÉLÉMENT EAU

Le Cancer est un signe d'Eau délicat, sensible et fécond. Il a pour principales qualités d'être imaginatif, inventif, émotif, contemplatif, poète, tendre, aimant et d'être plein de bons sentiments, mais il peut se montrer parfois lunatique, anxieux, méfiant et paresseux.

RÔLE CHEF

Bénéficiant du statut de chef, notamment de famille, de clan ou d'une grande famille, comme l'armée, le Cancer est naturellement doué pour guider, mener, sommer, décider, initier et diriger en douceur, tout en restant prudent, à l'écoute de ses émotions. C'est pourquoi il est qualifié dans l'art du commandement.

PLANÈTE PERSONNELLE LUNE

La Lune a concédé au Cancer une excellente mémoire, un goût certain pour la famille, les enfants, la nature et les animaux domestiques. Changeant souvent d'aspects, l'astre nocturne agit sur le caractère, rend lunatique, imprévisible, donne un goût pour l'occulte, la médiumnité et peuple les nuits de rêves prémonitoires.

Bienfait : *la popularité.*

Domaines de prédilection : *Famille-Enfants-Clientèle-Héritage-Généalogie-Nature-Animaux*

SAISON ÉTÉ

Le Cancer incarne le début de la période estivale. Les journées sont longues et les nuits sont douces. Sa psyché est à l'image de sa saison de naissance. Elle l'invite à profiter pleinement des beaux jours, de la générosité de la terre, du plaisir de vivre en plein air et lui transmet l'envie d'être tranquille.

LE LION

Le succès au rendez-vous

Naissance du 22/23 juillet au 22/23 août

Identité cosmique du Lion

Lignée	Soleil	**Énergie**	Positive
Élément	Feu	**Qualité**	Chaleureux
Rôle	Organisateur	**Fonction**	Organiser
Planète	Soleil	**Bienfait**	Réussite
Saison	Été	**Nature**	Tranquille

LIGNÉE SOLEIL

Originaire de la lignée Soleil, le Lion a hérité du goût de l'action et d'un bel optimisme qui lui permettent de se projeter facilement dans l'avenir. À ce titre, il bénéficie d'énergies positives, actives, masculines et dynamiques, qui le rendent indépendant, autonome, libre et extraverti dans sa manière de vivre, d'agir, de penser, de s'exprimer et de se comporter.

ÉLÉMENT FEU

Le Lion est un signe de Feu tonique, direct et franc. Il a pour principales qualités d'être enflammé, ardent, chaleureux, affectueux, plein d'entrain, mais il peut être parfois susceptible et colérique.

RÔLE ORGANISATEUR

Bénéficiant du statut d'organisateur, le Lion apporte sa force, sa stabilité, sa persévérance, sa solidité et son sens de l'ordre. Il a pour fonction de planifier, agencer, ordonnancer, mettre en place, faire progresser, fixer, ranger, classer et persévérer, mais plutôt avec autorité et fermeté. La somme de ces attributs lui permet d'exceller dans tout ce qu'il fait.

PLANÈTE PERSONNELLE SOLEIL

Le Soleil, l'astre de la vie et de la vitalité, confère à ce signe de belles qualités comme la volonté, la franchise, l'honnêteté, le courage et le goût de bien faire. Il le fait bénéficier d'une soif de vivre intense et d'une grande exigence envers lui-même. Mais surtout du besoin constant d'être le meilleur et de briller, même si, parfois, la reconnaissance de ses efforts n'est pas au rendez-vous et génère frustration et colère.

Bienfait : *la réussite.*

Domaines de prédilection : *Travail-Affaires-Succès-Honneurs-Richesse-Vitalité*

SAISON ÉTÉ

Le Lion symbolise l'été qui bat son plein au moment où le Soleil brille de mille feux dans le ciel. Dans la nature, les fruits, les légumes et les fleurs poussent en abondance. Sa psyché reflète sa saison de naissance. Elle l'honore d'une grande générosité d'âme et l'invite à donner le meilleur de lui-même. Par ailleurs, elle l'imprègne de petits bonheurs simples, l'incite à profiter de la vie, du plaisir d'exister et lui transmet une nature tranquille.

LA VIERGE

Le temps des récoltes

Naissance du 22/23 août au 22/23 septembre

Identité cosmique de la Vierge

Lignée	Lune	**Énergie**	Réceptive
Élément	Terre	**Qualité**	Réaliste
Rôle	Réalisateur	**Fonction**	Finaliser
Planète	Mercure	**Bienfait**	Intelligence
Saison	Été	**Nature**	Tranquille

LIGNÉE LUNE

Appartenant à la lignée Lune, la Vierge a hérité de sensibilité et d'affectivité ce qui l'invite à vivre de préférence au présent. À ce titre, elle bénéficie d'énergies réceptives, apaisantes, féminines et calmes, qui la rendent prudente et modérée dans sa manière de vivre, d'agir, de penser, de s'exprimer et de se comporter.

ÉLÉMENT TERRE

La Vierge est un signe de Terre concret, logique et solide. Elle a pour principales qualités d'être réfléchie et analytique, lucide et circonspecte, réaliste et sensée, rationnelle et pragmatique, les pieds bien ancrés au sol. Elle a une attirance marquée pour les biens matériels, mais elle peut être parfois sournoise et hypocrite.

RÔLE RÉALISATEUR

Bénéficiant du statut de réalisateur, la Vierge bénéficie de l'incroyable capacité de pouvoir faire plusieurs choses en même temps. Elle est douée pour exécuter, parfaire, observer, critiquer, analyser, peaufiner, mettre au point et finaliser. À la fois minutieuse et précise, elle préfère travailler seule pour ne pas être dérangée et mieux se concentrer.

PLANÈTE PERSONNELLE MERCURE

Mercure, la planète de la communication, confère à ce signe un esprit logique et minutieux, une pensée analytique et critique, un goût pour les écrits et les nombres, ainsi qu'une remarquable capacité d'expression. De même, elle le fait bénéficier d'un humour décalé et d'un excellent sens de l'observation, même si cela le conduit à tout remettre en question.

Bienfait : *l'intelligence.*

Domaines de prédilection : *Études-Communication-Santé-Édition-Sciences-Langues étrangères*

SAISON ÉTÉ

La Vierge incarne la nature à une période charnière qui annonce la fin de l'été, la fin du cycle aérien et le temps des récoltes. Sa psyché est à l'image de sa saison de naissance. Elle lui prodigue de la douceur, de la pureté, l'envie de profiter des beaux jours et lui transmet une nature tranquille.

♎

LA BALANCE

L'art d'aimer

Naissance du 22/23 septembre au 23/24 octobre

Identité cosmique de la Balance

Lignée	Soleil	**Énergie**	Positive
Élément	Air	**Qualité**	Adaptable
Rôle	Chef	**Fonction**	Commander
Planète	Vénus	**Bienfait**	Séduction
Saison	Automne	**Nature**	Profonde

LIGNÉE SOLEIL

Originaire de la lignée Soleil, la Balance a hérité du goût de l'action et d'un bel optimisme qui lui permettent de se projeter facilement dans l'avenir. À ce titre, elle bénéficie d'énergies positives, actives, masculines et dynamiques qui la rendent indépendante, autonome, libre et extravertie dans sa manière de vivre, d'agir, de penser, de s'exprimer et de se comporter.

ÉLÉMENT AIR

La Balance est un signe d'Air léger, mental et aérien. Elle a pour principales qualités d'être adaptable, cérébrale, communicative, mais elle peut être parfois superficielle, permissive et indulgente.

RÔLE CHEF

Bénéficiant du statut de chef, notamment de dirigeante artistique ou politique, ou encore de coach personnel, ou d'initiatrice en amour, la Balance est compétente pour harmoniser, équilibrer, imposer, initier, impulser, décider, diriger les autres avec douceur et charme, tact et diplomatie. Elle excelle dans l'art de rassembler et d'entraîner les autres dans son sillage.

PLANÈTE PERSONNELLE VÉNUS

Vénus, la planète de l'amour et des arts, apporte sur un plateau d'airain à la Balance du charme, de la beauté et l'art de recevoir. Elle la gratifie d'un caractère sociable et communicatif axé sur la conversation et le bien-être. Elle la fait bénéficier d'un goût certain pour la justice et l'encourage à peser le pour et le contre sur les plateaux de sa balance, avant de prendre une décision juste et équilibrée.

Bienfait : *la séduction.*

Domaines de prédilection : *Amour-Vie sociale-Partenariat-Justice-Arts Harmonie-Mariage-Contrats*

SAISON AUTOMNE

La Balance incarne le début de l'automne, période où les arbres commencent à se parer de chatoyantes couleurs jaunes et ocres, tandis que l'été indien invite à la détente et à la méditation. Sa psyché est comparable à sa saison de naissance. Elle lui accorde le sens des couleurs et des formes, et lui transmet une nature sociable et profonde.

♏

LE SCORPION

La quête d'absolu

Naissance du 23/24 octobre au 22/23 novembre

Identité cosmique du Scorpion

Lignée	Lune	**Énergie**	Réceptive
Élément	Eau	**Qualité**	Sensible
Rôle	Organisateur	**Fonction**	Organiser
Planète	Mars Pluton	**Bienfait**	Combativité Art de rebondir
Saison	Automne	**Nature**	Profonde

LIGNÉE LUNE

Appartenant à la lignée Lune, le Scorpion a hérité de sensibilité et d'affectivité ce qui l'invite à vivre de préférence au présent tout en se référant au passé. À ce titre, il bénéficie d'énergies réceptives, intuitives, occultes, féminines et calmes qui le rendent prudent et instinctif dans sa manière de vivre, d'agir, de penser, de s'exprimer et de se comporter.

ÉLÉMENT EAU

Le Scorpion est un signe d'Eau hypersensible, passionné, passionnant et authentique. Il a pour principales qualités d'avoir de la mémoire, de la profondeur d'âme et de l'attachement pour les choses du passé. Il peut être parfois intraitable et vengeur.

RÔLE ORGANISATEUR

Bénéficiant du statut d'organisateur, le Scorpion est doué pour planifier, organiser, programmer, combiner, élaborer et agencer. Très affirmé, un brin soupçonneux, il n'a pas son pareil pour obtenir ce qu'il veut dès qu'il est motivé ou dans l'urgence.

PLANÈTE PERSONNELLE MARS

Mars, la planète de la guerre, confère au Scorpion de la ténacité, du courage, de l'audace, du magnétisme, du charisme et un puissant instinct de survie. Bénéficiant d'énergies sans cesse renouvelées, il recherche les sensations fortes et les montées d'adrénaline.

Bienfait : *la combativité.*

Domaines de prédilection : *Recherche-Investigation-Sexualité-Sport*

PLANÈTE GÉNÉRATIONNELLE PLUTON

Pluton, la planète du retour aux sources, l'incite à marquer son époque en utilisant notamment ses nombreux talents d'investigation et ses flashs médiumniques. N'ayant peur de rien, pas même de la mort, il connaît d'instinct les mystères de la régénération (résurrection, réincarnation, renaissance).

Bienfait : *l'art de rebondir.*

Domaines de prédilection : *Au-delà-Régénération-Métamorphose-Guerre*

SAISON AUTOMNE

Le Scorpion est né au moment où la nature poursuit sa métamorphose au cœur de l'automne. Les températures baissent et les feuilles se désagrègent mystérieusement dans la terre. Sa psyché est à l'image de sa saison de naissance. Elle le rend magnétique et lui transmet une nature intense et profonde.

LE SAGITTAIRE

En route pour l'aventure

Naissance du 22/23 novembre au 21/22 décembre

Identité cosmique du Sagittaire

Lignée	Soleil	**Énergie**	Positive
Élément	Feu	**Qualité**	Chaleureux
Rôle	Réalisateur	**Fonction**	Finaliser
Planète	Jupiter	**Bienfait**	Richesse
Saison	Automne	**Nature**	Profonde

LIGNÉE SOLEIL

Originaire de la lignée Soleil, le Sagittaire a hérité du goût de l'action et d'un bel optimisme qui lui permettent de se projeter facilement dans l'avenir. À ce titre, il bénéficie d'énergies positives, actives, masculines et dynamiques qui le rendent indépendant, autonome, libre et extraverti dans sa manière de vivre, d'agir, de penser, de s'exprimer et de se comporter.

ÉLÉMENT FEU

Le Sagittaire est un signe de Feu, tonique, chaleureux et rayonnant. Il a pour principales qualités d'être ardent, enflammé, affectueux, plein d'entrain, mais il est aussi soupe au lait et réputé pour l'ampleur de ses colères.

RÔLE RÉALISATEUR

Bénéficiant du statut de réalisateur, le Sagittaire a l'incroyable capacité de pouvoir faire plusieurs choses en même temps. Il est doué pour mettre au point, parfaire, accomplir, finir, terminer et achever. C'est pourquoi il excelle dès qu'il est question de finaliser une tâche, un dossier ou un projet d'envergure.

PLANÈTE PERSONNELLE JUPITER

Jupiter, la planète de l'abondance et de l'expansion, confère au Sagittaire de la chance, de la légitimité. Elle le fait bénéficier d'une grande indépendance, d'une liberté de mouvement, d'une excellente confiance en soi, d'un bel esprit de conquête et du goût des voyages. À l'image du centaure, il se déplace rapidement et lance ses flèches avec habileté pour atteindre ses objectifs à coup sûr.

Bienfait : *la richesse.*

Domaines de prédilection : *Chance-Expansion-Voyage-Spiritualité-Guérison-Jeux d'argent*

SAISON AUTOMNE

Le Sagittaire incarne la nature dans son ultime phase automnale. Les arbres sont complètement dépouillés de leurs feuilles, la nuit a englouti le jour et les animaux entament leurs migrations vers des destinations plus propices. Sa psyché est à l'image de sa saison de naissance. Elle l'invite à migrer vers des terres plus accueillantes et lui transmet une nature bienveillante et profonde.

LE CAPRICORNE

Le temps pour allié

Naissance du 21/22 décembre au 20/21 janvier

Identité cosmique du Capricorne

Lignée	Lune	**Énergie**	Réceptive
Élément	Terre	**Qualité**	Réaliste
Rôle	Chef	**Fonction**	Commander
Planète	Saturne	**Bienfait**	Sagesse
Saison	Hiver	**Nature**	Patiente

LIGNÉE LUNE

Appartenant à la lignée Lune, le Capricorne a hérité de réceptivité et d'une certaine mélancolie, ce qui l'incite à vivre de préférence au présent tout en tenant compte du passé. À ce titre, il bénéficie d'énergies réceptives, intuitives, féminines et calmes, qui le rendent prudent et modéré, raisonnable et avisé dans sa manière de vivre, d'agir, de penser, de s'exprimer et de se comporter.

ÉLÉMENT TERRE

Le Capricorne est un signe de Terre utile, robuste et résistant. Il a pour principales qualités d'être réfléchi et imperturbable, lucide et circonspect, réaliste et sensé, rationnel et pragmatique. Il a les pieds bien ancrés au sol et une attirance marquée pour les biens matériels, mais il peut être parfois dur et coriace.

RÔLE CHEF

Bénéficiant du statut de chef, notamment de chef de la terre ou d'état, le Capricorne a été créé pour commander, mener, édicter, sommer, diriger les autres avec assurance, autorité et fermeté. C'est pourquoi il a foi dans ses directives et dans l'art de les imposer quitte à se quereller – voire à se faire des ennemis – pour avoir le dernier mot.

PLANÈTE PERSONNELLE SATURNE

Saturne, la planète du temps, incite ce signe à miser sur le long terme et à faire du temps son allié. Elle lui confère du sérieux, de l'ambition, le sens des valeurs, du goût pour les études et les sciences. De même, elle le fait bénéficier d'un sens aigu de la stratégie et de la politique.

Bienfait : *la sagesse.*

Domaines de prédilection : *Carrière-Immobilier-Politique-Érudition*

SAISON HIVER

Le Capricorne incarne le moment où la nature entre dans sa période hivernale. À l'extérieur, il fait froid et la neige recouvre la terre d'un immaculé tapis blanc. Sa psyché s'apparente à sa saison de naissance. Elle laisse prédominer une grande force de caractère, de la résilience, de la rigueur, du sang-froid et lui transmet une nature consciencieuse et patiente.

LE VERSEAU

Un parfum de liberté

Naissance du 20/21 janvier au 18/19 février

Identité cosmique du Verseau

Lignée	Soleil	**Énergie**	Positive
Élément	Air	**Qualité**	Adaptable
Rôle	Organisateur	**Fonction**	Organiser
Planète	Saturne Uranus	**Bienfait**	Sagesse L'esprit visionnaire
Saison	Hiver	**Nature**	Patiente

LIGNÉE SOLEIL

Originaire de la lignée Soleil, le Verseau a hérité du goût de l'action et d'un bel optimisme qui lui permettent de se projeter facilement dans l'avenir. À ce titre, il bénéficie d'énergies positives, actives, masculines et dynamiques qui le rendent indépendant, autonome, libre et extraverti dans sa manière de vivre, d'agir, de penser et de se comporter.

ÉLÉMENT AIR

Le Verseau est un signe d'Air léger, mental, aérien et rapide. Il a pour principales qualités d'être adaptable, cérébral, vif, communicatif, amical, humaniste, axé sur l'avenir avec un côté futuriste inné, mais il peut être parfois laxiste et utopiste.

RÔLE ORGANISATEUR

Bénéficiant du statut d'organisateur, notamment dans les secteurs de pointe, le Verseau est doué pour agencer, stabiliser, planifier, fixer et organiser, mais plutôt avec originalité et modernité. C'est pourquoi il excelle dans l'art d'innover.

PLANÈTE PERSONNELLE SATURNE

Saturne, la planète du temps, invite ce signe à miser sur le long terme et à faire du temps son allié. Elle lui confère de l'ambition, le sens des valeurs, du goût pour la lecture, les nombres, les sciences et une belle érudition.

Bienfait : *la sagesse*

Domaines de prédilection : *Études-Recherche-Politique-Immobilier-Tradition*

PLANÈTE GÉNÉRATIONNELLE URANUS

Uranus, la planète du changement et de la modernité, l'incite à marquer son époque en utilisant sa vitesse de pensée, son esprit libre, son sens de l'improvisation, son originalité, sa fraternité universelle, son côté avant-gardiste et innovateur.

Bienfait : *l'esprit visionnaire*

Domaines de prédilection : *Intelligence-Nouveauté-Innovation-Liberté-Amitiés-Festivités-Jeux d'esprit*

SAISON HIVER

Le Verseau incarne le cœur de l'hiver. En cette période de grands froids, la lumière du jour se fait chaque jour plus éclatante, tandis que les oiseaux chantent la saison des amours pour la Saint-Valentin. Sa psyché est à l'image de sa saison de naissance. Elle lui procure une grande joie intérieure, une belle sérénité et lui transmet une nature confiante et patiente.

LE POISSONS

Un océan d'amour

Naissance du 18/19 février au 20/21 mars

Identité cosmique des Poissons

Lignée	Lune	**Énergie**	Réceptive
Élément	Eau	**Qualité**	Sensible
Rôle	Réalisateur	**Fonction**	Finaliser
Planète	Jupiter Neptune	**Bienfait**	Richesse Le sens de l'anticipation
Saison	Hiver	**Nature**	Patiente

LIGNÉE LUNE

Appartenant à la lignée Lune, le Poissons a hérité d'une ample sensibilité et d'une grande affectivité qui l'invite à vivre au présent. À ce titre, il bénéficie d'énergies lunaires réceptives, intuitives, mystiques et féminines, qui le rendent circonspects et inspirés dans sa manière de vivre, d'agir, de penser, de s'exprimer et de se comporter.

ÉLÉMENT EAU

Le Poissons est un signe d'Eau délicat, rêveur et fécond. Il a pour principales qualités d'être calme, imaginatif, émotif, artiste, aimant, sentimental, très famille, plein de bons sentiments, à l'écoute des autres, mais il peut être parfois pensif et fuyant.

RÔLE RÉALISATEUR

Bénéficiant du statut de réalisateur, notamment pour créer et composer, ce signe possède une bonne oreille et peut faire plusieurs choses en même temps. C'est pourquoi, il est doué pour exécuter, saisir, discerner, distinguer, moduler, transformer, métamorphoser, finaliser et excelle dans les arts (musique, danse) et la psychologie.

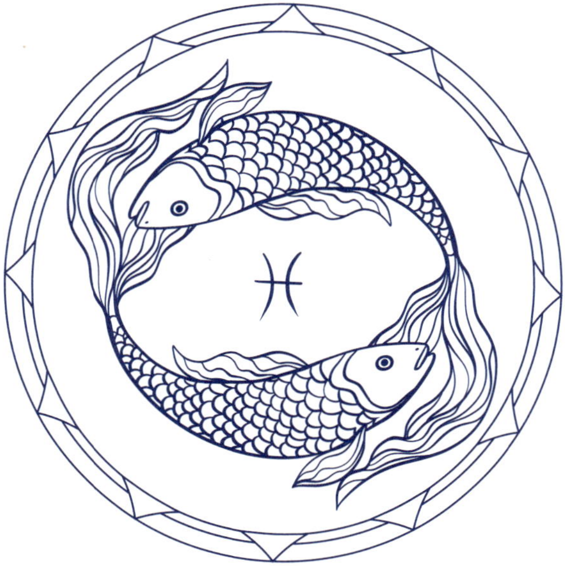

PLANÈTE PERSONNELLE JUPITER

Jupiter, la planète de l'expansion, procure à ce signe de la chance, de l'abondance et le goût des voyages. Elle le fait bénéficier d'un flair étonnant, d'un sens de l'anticipation aigu, ce qui lui permet d'avoir souvent une longueur d'avance sur les autres.

Bienfait : *la richesse.*

Domaines de prédilection : *Arts-Musique-Famille-Amour-Voyage-Sports-Médecine*

PLANÈTE GÉNÉRATIONNELLE NEPTUNE

Neptune, la planète de l'inconscient collectif, amplifie son intuition, développe son empathie, aiguise sa spiritualité, affine son mysticisme et intensifie son attrait pour l'artistique

Bienfait : *le sens de l'anticipation.*

Domaines de prédilection : *Navigation-Onirisme-Poésie-Danse-Voyance-Amour*

SAISON HIVER

Le Poissons incarne une période charnière qui annonce la fin de l'hiver et du cycle souterrain. Sa psyché s'apparente à sa saison de naissance. Elle lui procure de la malléabilité, le sens de l'acclimatation et lui transmet une nature calme et patiente.

I
L'ÉVEIL DE L'ASCENDANT NATAL

« L'ascendant natal est votre premier ascendant. Il vous est accordé le jour de votre naissance pour toute la durée de votre vie. »

DÉFINITION

L'ascendant natal, également appelé « ascendant de naissance », est un élément important du thème natal. Il vous est accordé le jour de votre naissance pour toute la durée de votre vie. Il est immuable et vous ne pouvez pas en changer.

LE SIGNE DE L'ASCENDANT NATAL

L'ascendant natal est le point fondateur de l'horoscope (ou thème astral). Il correspond au signe du Zodiaque qui est présent dans la Maison I de votre thème natal. Il est calculé à partir de la date, de l'heure et de votre lieu de naissance et change de signes toutes les deux heures environ au cours d'une même journée. **Sans la connaissance précise de votre heure de naissance, il est impossible de calculer votre ascendant.**

LE SAVIEZ-VOUS ?

La notion de « Maisons » ou de « système des douze Maisons » ,ou encore « Domification », trouve ses origines chez les astrologues babyloniens qui attachaient une grande importance aux astres apparaissant à l'horizon, c'est-à-dire se levant vers l'Ascendant. Le terme « ascendant » vient d'ailleurs du latin « ascendere » et signifie « qui s'élève, va en montant, a un mouvement ascendant ».

INFLUENCE DE L'ASCENDANT NATAL

Parmi les douze Maisons d'un thème astral de naissance, la Maison I, ou maison de l'ascendant, est l'une des plus importantes. Elle renseigne sur l'ego, le moi intérieur et la manière de percevoir l'existence.

-L'ascendant natal contribue à façonner la personnalité, révèle le caractère, souligne l'individualité, interfère sur le tempérament, façonne le comportement social et initie les expériences personnelles. Il fournit notamment des indices précieux pour en apprendre davantage sur soi, sa psyché, son style de vie et son évolution psychologique.

-L'ascendant natal joue un rôle prépondérant au cours d'une vie. Il se manifeste la plupart du temps entre trente ans et quarante ans, et se fait clairement de plus en plus présent au cours de la seconde partie de la vie. Votre cerveau arrivant à maturité vers la trentaine, votre ascendant natal arrive lui aussi à maturité. Dès lors, il cherche à s'exprimer plus clairement et vous révèle à vous-même.

Connaître son ascendant natal est un atout majeur pour son développement personnel. D'ailleurs, lorsque l'on demandait aux Anciens leur signe du zodiaque, ils révélaient leur ascendant natal.

Avec l'arrivée de l'astrologie populaire et des médias de masse, au début du XXe siècle, il est devenu courant de dire d'abord son « signe solaire », qui ne nécessite aucun calcul, et son ascendant natal ensuite.

LA DOMIFICATION

La domification est une technique de calcul millénaire connue et pratiquée par les Babyloniens. Elle consiste à diviser le Zodiaque en douze Maisons délimitées par des traits numérotés de un à douze, appelés « cuspides ». Dans un thème astral, la pointe de la cuspide de la Maison I désigne le signe de l'ascendant, au degré près.
Il existe de nombreux systèmes de Domification. Parmi eux on peut citer, du plus ancien au plus récent :
- les Signes entiers et les Maisons égales - Ier siècle avant J.-C.
- La domification Porphyre - IIIe siècle.
- L'Alcabitius - Xe siècle.
- La Campanus - XIIIe siècle.
- La Regiomontanus - XVe siècle.
- La Placidus - XVIIe siècle.
- La Koch - XXe siècle.

Tous ces systèmes se ressemblent (à quelques différences près) et vous pouvez les utiliser pour calculer un ascendant, à l'exception des Maisons égales dont l'ascendant ne correspond pas à la cuspide de la Maison I.

De nos jours, le système des Maisons le plus répandu en astrologie occidentale moderne est la domification Placidus. C'est cette dernière que nous utiliserons dans cet ouvrage pour dresser un thème astral. C'est aussi la plus utilisée pour programmer la plupart des logiciels et des applications actuels.
Elle a pour particularité de découper la carte du ciel en douze Maisons de 2 heures temporelles chacune (les heures temporelles diurnes vont du lever du Soleil à son coucher, et les heures temporelles nocturnes vont du coucher du Soleil à son lever), ce qui explique la taille inégale des Maisons d'un thème astral établi avec une domification Placidus.

Qui est Placidus ?
Placido de Titi, dit Placidus, était un moine, astronome, astrologue et mathématicien italien, né le 25 décembre 1603, à Pérouse, en Italie, dans la noble famille Titi. Il a été le premier à faire imprimer au XVIIe siècle les Tables des Maisons pour le système de domification temporel qui porte son nom.

CALCULEZ VOTRE ASCENDANT NATAL

Pour connaître votre ascendant natal, vous devez dresser une carte du ciel à partir des données suivantes : la date, l'heure et le lieu de naissance.

LES DONNÉES DE NAISSANCE

La date de naissance

La date de naissance, composée d'un jour, d'un mois et d'une année, est une information essentielle en astrologie. Elle permet non seulement de connaître la date de votre anniversaire et votre âge, mais – surtout – votre signe solaire. Sans date de naissance, il est impossible de monter un thème astral. Si vous avez le moindre doute sur votre date de naissance, consultez le livret de famille de vos parents.

L'heure de naissance

Au cours d'une journée de 24 heures, l'ascendant natal change de signe en moyenne toutes les deux heures environ. C'est pourquoi il est indispensable de connaître votre heure de naissance pour calculer votre ascendant.
Vous pouvez la trouver dans le livret de famille de vos parents.
Si vous avez le moindre doute sur l'heure exacte de votre naissance, vous pouvez monter un thème astral de naissance et regarder à quel degré se situe votre ascendant.
– Lorsqu'il est compris entre 5° et 25°, votre ascendant est exact.
– Lorsqu'il est compris entre 0° à 4° ou entre 26° à 29°59′, vous ne pouvez avoir aucune certitude.
N'hésitez pas à consulter un astrologue de l'école du Zodiaque pour vous éclairer.

Le lieu de naissance

La ville où vous êtes né est une information essentielle pour monter un thème astral de naissance. Vous pouvez obtenir ce renseignement auprès du bureau d'état civil de votre mairie ou le trouver dans le livret de famille de vos parents. Sans cette information, il est impossible de connaître la latitude et la longitude de votre lieu de naissance, une donnée indispensable pour calculer votre ascendant.

CAS PARTICULIER : NAISSANCE DANS UN TRAIN, UN AVION OU SUR UN BATEAU ?

Le lieu à retenir pour dresser un thème astral de naissance correspond aux coordonnées géographiques du lieu survolé ou traversé au moment de la naissance de l'enfant.

SITE DE CALCUL CONSEILLÉ : ASTROTHÈME

Astrothème est un site Internet sérieux, simple et gratuit qui permet de calculer en moins d'une minute votre ascendant natal.

- Lien du site : ***www.astrotheme.fr***
  1. Repérez « *Calculs astrologiques* » dans la barre du haut.
  2. Sélectionnez « *Ascendant et thème astral* ».
  3. Saisissez vos données.
- Lien direct : ***https://www.astrotheme.fr/theme_astral_et_carte_du_ciel.php***

Cheminement sur le site

1. Remplissez l'encadré « Saisie manuelle ».

- Entrez votre prénom ou un pseudo (obligatoire).
- Entrez votre date de naissance : jour, mois, année.
- Entrez votre heure de naissance avec les minutes.
- Saisissez votre ville de naissance.
- Cliquez sur « Poursuivre ».

2. Un encadré récapitulatif apparaît au centre de la page.

- Vérifiez vos données.
- Cliquez sur « Poursuivre » pour les valider ou sur « Retour » pour les modifier.

3. Notez votre ascendant.

Scrollez jusqu'à « Votre Ascendant, son degré et son signe » et notez-les dans votre Carnet d'ascendants, page Année de naissance (Partie 5).

4. Carte du ciel.

Pour la visualiser, scrollez de nouveau. Les lettres « AC », à gauche, désignent le signe de votre ascendant natal et son degré.

RECOMMANDATION DE L'AUTEURE

La carte du ciel de votre naissance est un outil précieux que je vous invite à conserver toute votre vie pour vous y référer quand vous en éprouverez le besoin. Vous pouvez la capturer sur votre ordinateur et l'enregistrer dans un document dédié, ou la photographier sur votre téléphone, de manière à l'avoir toujours avec vous.

EXEMPLE:
Clarisse est née le 21 janvier 1990, à Royan (France), à 13 h 44.
Elle veut connaître son ascendant natal.

1. Elle se rend sur le site Astrothème.
2. Elle entre ses coordonnées de naissance (date, heure, lieu).
3. Elle découvre son signe solaire, son ascendant natal et les note dans son Carnet d'ascendants.

SIGNE SOLAIRE ♒ VERSEAU
ASCENDANT NATAL ♊ GÉMEAUX

VOTRE SIGNATURE ZODIACALE DE NAISSANCE

Chacun d'entre nous dispose dès sa naissance d'une signature zodiacale comportant deux signes : le signe solaire et le signe de l'ascendant natal. Leur combinaison façonne notre personnalité, interfère sur notre comportement, régit notre art de vivre, interagit sur notre compréhension du monde, dicte la manière dont nous percevons l'existence et influe sur notre évolution personnelle.

Afin d'affiner votre compréhension entre signe solaire et ascendant natal, vous devez assimiler deux notions fondamentales.

Notion 1 Votre signe solaire définit qui vous êtes.

Le signe solaire dépend de la position du Soleil sur la roue du Zodiaque, le jour de votre naissance. Le Soleil étant l'astre de la vie, il définit qui vous êtes.

Notion 2 Votre ascendant natal définit qui vous allez devenir.

L'ascendant natal correspond au signe occupé par la Maison I sur la roue du Zodiaque, à l'heure exacte de votre naissance. L'ascendant influe sur votre personnalité et définit qui vous allez devenir dans la seconde partie de votre vie (après la quarantaine).

AFFINITÉS ENTRE VOTRE SIGNE SOLAIRE ET VOTRE ASCENDANT NATAL

Les affinités entre le signe solaire et l'ascendant natal ne sont pas toujours faciles à vivre psychologiquement.

Au fil des années, l'ascendant natal se fait de plus en plus présent et puissant. Soit il arrive à composer avec le signe solaire et vous vivrez en paix avec vous-même toute votre vie, soit les deux signes ne s'entendent pas et, dans ce cas, l'ascendant natal cherche à s'imposer ou à se substituer au signe solaire.

L'entente entre ces deux signes peut s'avérer un long fleuve tranquille pour certains tandis que pour d'autres, elle peut devenir plus complexe, plus alambiquée et risque même de semer la zizanie dans votre esprit et vous perturber. Tout dépend de la compatibilité des Identités cosmiques des deux signes en présence.

Ce tableau comparatif entre signe solaire et ascendant natal vous en apprendra beaucoup sur vous et vous permettra de mieux cerner l'évolution de votre personnalité au fil du temps.

Complétez-le en vous référant aux Identités cosmiques des deux signes.

Qui êtes-vous ? Signe Solaire		*Qui allez-vous devenir ?* Ascendant natal	
Lignée	:	Lignée	:
Élément	:	Élément	:
Rôle	:	Rôle	:
Planète	:	Planète	:
Saison	:	Saison	:

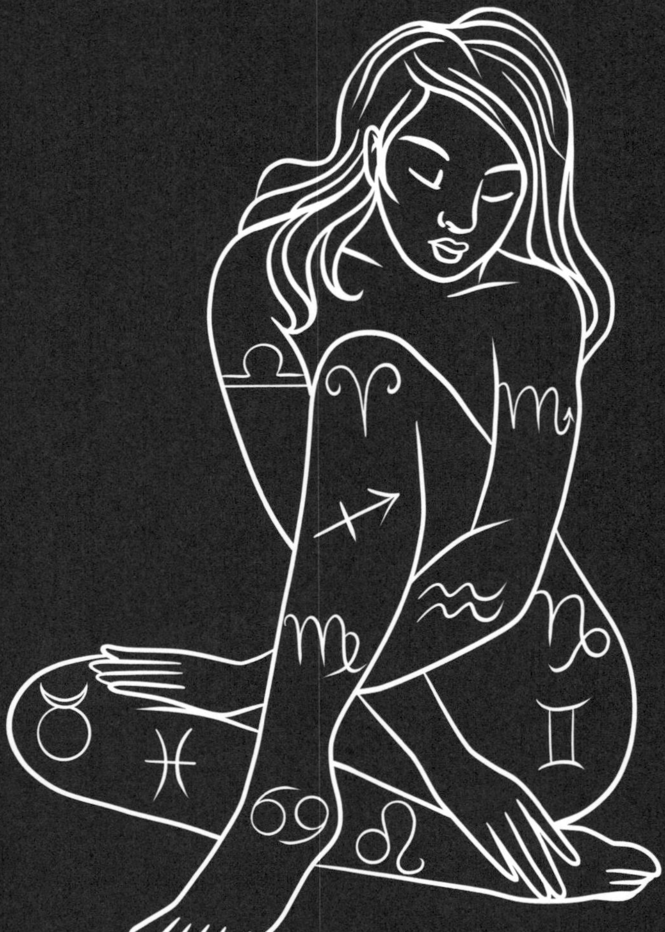

II
LUMIÈRE SUR L'ASCENDANT ANNUEL

« L'ascendant annuel vous est accordé chaque année le jour de votre anniversaire pour une durée d'une année seulement. »

DE QUEL ASCENDANT S'AGIT-IL ?

Chaque année, le jour de votre anniversaire, vous pouvez dresser une carte du ciel annuelle appelée « révolution solaire » pour connaître votre nouvel ascendant. Dans cet ouvrage, nous l'appellerons « l'ascendant annuel ».

UN ASCENDANT POUR UN AN SEULEMENT

L'ascendant annuel est un élément fondamental du thème de révolution solaire. Il est accordé pour une période de douze mois allant du jour de votre anniversaire au suivant. Ce qui implique que chaque année, le jour de votre anniversaire, vous bénéficiez d'un nouvel ascendant annuel.

L'ASCENDANT OU MAISON I

Désigné par la Maison I dans le thème de révolution solaire, l'ascendant annuel révèle les énergies du signe zodiacal le plus influent de votre année. Vous bénéficiez ainsi d'indications précieuses concernant le moi, l'ego, la conscience de soi, la psyché, les pensées, les idées, les intérêts individuels, les actions personnelles, la manière de concevoir l'existence, de percevoir le monde, de saisir les opportunités, de s'ouvrir à des expériences nouvelles et de devenir acteur de sa destinée.

UN ASCENDANT PLEIN DE SURPRISES

L'ascendant annuel joue un rôle primordial au cours de ces douze mois. Agissant, comme un révélateur, il nuance, teinte, pimente l'année d'un jour nouveau, façonne l'ambiance dans laquelle elle va se dérouler, affine les prévisions et permet d'anticiper l'avenir. Mais surtout, il aide à découvrir de nouvelles facettes de votre personnalité, à repenser vos priorités, à évaluer les opportunités et défis qui s'offriront à vous. En clair, à renaître chaque année.
En aucune manière il ne se substitue à votre ascendant natal, mais lorsqu'ils sont identiques, il le renforce.

Au fil des ans, vous ferez probablement l'expérience de tous les ascendants annuels. Certains se feront plus rares, tandis que d'autres reviendront plus fréquemment.

EN RÉSUMÉ

Connaître son ascendant annuel permet d'avoir un avant-goût de ce que l'avenir vous réserve, aussi bien sur le plan psychologique que sur le plan événementiel et de s'y préparer.

CALCULEZ VOTRE ASCENDANT ANNUEL

Pour calculer votre ascendant annuel, vous devez monter un thème de « **révolution solaire** ».

DÉFINITION DE LA RÉVOLUTION SOLAIRE

La révolution solaire est une technique prédictive millénaire très prisée des rois et des empereurs. Elle commémore le retour du Soleil sur le degré exact qu'il avait le jour de votre naissance. En anglais, « ***Solar return*** » signifie le retour du Soleil.
De nos jours, elle est facilement accessible à tous grâce aux logiciels et aux sites de calculs en ligne. Dans cet ouvrage, elle est notamment utilisée pour calculer vos ascendants annuels.

> **EXEMPLE:**
> ***Le jour de sa naissance, le Soleil de Clarisse était à 1°13' du signe du Verseau. Quelle que soit l'année du calcul de la Révolution Solaire, le Soleil de Clarisse sera toujours à 1°13' du signe du Verseau.***

QUELQUES PRÉCISIONS

• Le terme « **révolution** » signifie, pour un astre ou une planète, faire un tour complet du Zodiaque. Dans le cas du Soleil, les astrologues disent que c'est une révolution solaire. Pour la Lune, ils diraient révolution lunaire.

• Visuellement, un thème de révolution solaire comprend généralement deux thèmes superposés : le thème de naissance et le thème de la révolution solaire. Toutefois, sur certains sites, le thème de la révolution solaire est distinct.

• Sur une carte du ciel, les lettres **AS - AC** ou **ASC** désignent l'ascendant. La plupart du temps, elles sont mentionnées sur un trait gras ou une flèche. Dans le langage des astrologues, ce trait porte le nom de cuspide. L'ascendant est donc le signe désigné par la pointe de la cuspide de la **Maison I**.

• La date d'une révolution solaire peut varier de quelques heures, voire d'un jour avec celle de votre naissance en fonction des années, et est indiquée sur les sites de calcul en ligne. Vous devrez en tenir compte lorsque vous déciderez de changer d'ascendant annuel (voir Partie 4). Cela ne remet aucunement en cause la date de votre naissance, ni celle de votre anniversaire traditionnel.

• Dans cet ouvrage, tous les sites de calculs en ligne conseillés utilisent la **domification Placidus** (pour le calcul des Maisons) et le **mode tropical** (pour l'édification de la carte du ciel.).

LES ÉTAPES SUCCESSIVES DU CALCUL D'UNE RÉVOLUTION SOLAIRE

Étape 1

Renseignez vos données de naissance (date, heure, lieu).

Étape 2

Précisez l'année de la révolution solaire (il peut s'agir de l'année en cours, d'une année passée ou d'une année à venir).

Étape 3

Notez la ville où vous étiez le jour de votre anniversaire. Pour les anniversaires à venir, indiquez la ville où vous pensez être ce jour-là.

Une fois muni de ces informations, utilisez un logiciel ou rendez-vous sur un site en ligne qui propose le calcul de la révolution solaire afin de calculer votre ascendant annuel.

RÉSUMÉ DES DONNÉES INDISPENSABLES POUR CALCULER VOTRE ASCENDANT ANNUEL

- *Vos coordonnées de naissance (date, heure, lieu)*
- *L'année de la révolution solaire*
- *La ville où vous étiez / serez le jour de votre anniversaire*

SITE DE CALCUL CONSEILLÉ : ASTROTHÈME

• Lien du site : ***www.astrotheme.fr***
1. Cliquez sur les 3 barres en haut à gauche.
2. Repérez « Calculs astrologiques ».
3. Sélectionnez « Prévisions », puis « Révolution solaire ».

• Lien direct : ***https://www.astrotheme.fr/revolution_solaire.php***

Cheminement sur le site

1. Repérez l'encadré « Saisie manuelle » au centre de la page.

2. Renseignez votre prénom ou pseudo (obligatoire) et vos coordonnées de naissance, (jour, mois, année, heure avec les minutes, ville de naissance). Précisez votre sexe (féminin ou masculin). Cliquez sur « Poursuivre ».

3. Un encadré apparaît au centre de la page.
- Vérifiez vos données.
- Cochez la période qui vous intéresse : année en cours ou année suivante.
- Entrez la ville où vous étiez ou serez le jour de votre anniversaire.

Cliquez sur « Poursuivre ».

4. Validez vos données : période choisie, ville d'anniversaire.
Cliquez sur « Poursuivre ».

5. La carte du ciel de votre révolution solaire s'affiche. Vous avez le choix entre lire votre ascendant sur la carte du ciel ou dans l'encadré « Position des planètes », situé juste en dessous.
- Lecture sur la carte : repérez la flèche AC (ascendant), située à gauche. Elle désigne le symbole de votre ascendant annuel.
- Lecture dans l'encadré « Position des planètes » : scrollez jusqu'à AS (ascendant) et lisez votre ascendant annuel.

6. Notez votre résultat ci-dessous ou/et reportez-le dans votre Carnet d'ascendants (année du calcul en Partie 5).

Année de la révolution solaire : ....

Ascendant annuel au degré près : ....

EXEMPLE PRATIQUE :

Clarisse veut connaître son ascendant annuel pour 2025. Elle se rend sur le site Astrothème.

*1. Clarisse entre ses coordonnées de naissance : **21 janvier 1990, 13 h 44, Royan.***
*2. Elle coche la période : **du 21/01/2025 au 20/01/2026.***
*3. Elle inscrit **Royan** pour la ville où elle sera le jour de son anniversaire.*
4. Elle valide les données et clique sur « Poursuivre ».
*5. Elle lit sur la carte du ciel AC 0°11 et voit le symbole du signe du Scorpion, elle scrolle et lit en bas de l'encadré : **AS 0° 11′ Scorpion.***

Clarisse note l'année de sa révolution solaire et son ascendant annuel, au degré près :

*Année de la révolution solaire : **2025***
*Ascendant annuel au degré près : **Scorpion 0° 11′***

DÉCRYPTAGE DES DOUZE ASCENDANTS ANNUELS

Chaque année, votre ascendant annuel vous apporte ses bienfaits et vous invite à découvrir de nouvelles facettes de votre personnalité, à penser différemment et à vivre des expériences nouvelles, indépendamment de votre signe solaire ou de votre ascendant natal.

Découvrez l'influence des douze ascendants annuels dans les principaux domaines de votre vie : psychologie, amour, argent, vie professionnelle, amis, forme, loisirs...

Toutefois, ne perdez jamais de vue que cet ascendant annuel n'est là que pour douze mois seulement et que, pendant ce laps de temps, il nuancera certains secteurs de votre vie, mais certainement pas l'ensemble. Vous pourrez néanmoins, à chaque fois qu'il reviendra, le reconnaître ou encore le redécouvrir avec ses avantages et ses désagréments.

Voici deux cas particuliers concernant votre ascendant annuel dont vous devez tenir compte.

Cas particulier n° 1 : votre ascendant annuel est identique à votre signe solaire

Lorsque votre ascendant annuel est identique à votre signe solaire (par exemple, un signe solaire Vierge avec un ascendant annuel Vierge), attendez-vous à vous sentir en osmose, en phase avec vous-même, à ne plus faire qu'un avec vos désirs ou vos attentes, à trouver une belle harmonie dans votre vie et à expérimenter en pleine conscience cet ascendant annuel, aussi bien sur le plan psychologique qu'événementiel.

Cas particulier n° 2 : votre ascendant annuel est identique à votre ascendant natal

Lorsque le signe de votre ascendant annuel et celui de votre ascendant natal sont les mêmes, vous retrouvez votre configuration de naissance (signe / ascendant) qui s'en trouve renforcée. C'est l'occasion unique de prendre un nouveau départ, de remettre les compteurs à zéro, de repartir du bon pied et surtout d'expérimenter à nouveau votre ascendant natal. C'est pour cette raison que ces années-là sont particulièrement importantes pour vous et pour votre renaissance.

TÉMOIGNAGE DE SAMANTHA

Avec l'arrivée d'un nouvel ascendant annuel, de nouveaux comportements se sont mis en place naturellement sans que j'aie quoi que ce soit à faire. Lorsque j'ai eu l'ascendant annuel Balance, je me suis sentie particulièrement aimable, sociable et ouverte aux autres. Avec l'ascendant annuel Capricorne, j'étais naturellement tactique et je savais immédiatement quoi dire et à qui, pour arriver à mes fins et ce, sans avoir eu besoin d'y réfléchir en amont. Avec l'ascendant annuel Lion, je me sentais rayonnante, excellente et j'avais l'impression de rendre les gens jaloux. Avec l'ascendant annuel Scorpion, je me suis sentie invulnérable. J'avais envie de changements et j'étais prête à tout oser, quitte à me mettre en danger.

L'ASCENDANT ANNUEL BÉLIER

Avec un ascendant annuel Bélier, vous allez vivre une année exaltante au cours de laquelle la nouveauté et l'envie d'entreprendre s'inviteront dans certains domaines de votre vie.

Mots-clefs de l'ascendant annuel Bélier

+	−
Optimiste – Énergique Chaleureux – Enthousiaste Courageux – Affirmé – Créatif Entreprenant – Sportif – Combatif	Impulsif – Autoritaire – Agressif Colérique – Impatient

PROFIL PSYCHOLOGIQUE

L'art de vivre psychologiquement avec un ascendant annuel Bélier

Le Bélier fait partie de la lignée Soleil. C'est le premier signe du Zodiaque, le premier signe du printemps et le chef de l'élément Feu, ce qui fait de lui un leader né. Avec un ascendant annuel Bélier vous aurez une envie irrésistible de briguer les premières places et de vous imposer contre vents et marées tout au long de cette année. Vous vous surprendrez à prendre des initiatives, à exercer votre autorité et à donner des ordres concis. Sous l'égide de Mars, la planète du Bélier et de l'action, vous bénéficierez d'une grande énergie de vie qui vous incitera à être plus actif, plus réactif, plus positif et plus enthousiaste. Vous verrez se développer en vous, le sens de la compétition, l'envie d'entreprendre et surtout de gagner.

Le revers de la médaille

Sous l'influence chaleureuse et enthousiaste de l'ascendant annuel Bélier, vous risquez de manquer de recul, de vous montrer impulsif, de devenir impatient, pressé ou encore colérique, agressif, voire violent.

AMOUR

L'art de vivre sentimentalement avec un ascendant annuel Bélier

Dans le Zodiaque amoureux, l'ascendant annuel Bélier accentue la sentimentalité et favorise la passion. C'est sans doute pourquoi votre manière d'aimer risque d'être plus enflammée, plus instinctive, plus primesautière et plus audacieuse au cours de ces douze mois. Vous aurez envie de séduire, de charmer, de conquérir et de briller par votre enthousiasme, votre entrain, votre ardeur, votre joie de vivre et votre sourire étincelant. Au cours de ces douze mois, votre fibre romanesque prendra une place grandissante dans votre quotidien. Vous pourriez même avoir des coups de cœurs inattendus, vous sentir irrésistiblement attiré par un nouveau venu. En solo, votre soif de conquête sera grande. En couple, vous rallumerez la flamme des premiers jours en pimentant votre relation.

Le revers de la médaille

Sous l'influence de l'ascendant annuel Bélier, ardent et passionné, vous risquez de vous lasser d'une relation trop sécurisante et d'être tenté d'aller voir ailleurs si l'herbe est plus verte, voire de mettre en péril votre relation.

ARGENT

L'art de vivre financièrement avec un ascendant annuel Bélier

Au cours de ces douze mois, vous repenserez votre rapport à l'argent. L'ascendant annuel Bélier étant dégourdi mais prompt, vous vous donnerez sans trop y réfléchir les moyens de vos ambitions, trouverez des solutions express afin d'augmenter vos revenus. Vous aurez envie de vous faire plus souvent plaisir et de vous offrir une vie plus agréable. Vous vous montrerez généreux et désintéressé et pourriez même aider des amis dans le besoin, les financer ou encore faire des dons à des œuvres caritatives.

L'ascendant annuel Bélier bénéficiant d'un certain capital de chance et d'un tempérament de joueur, vous serez attiré par les jeux d'argent, les paris, les placements boursiers et les investissements à forte rentabilité de préférence sur le court terme.

Le revers de la médaille

Sous l'influence de l'ascendant annuel Bélier, réputé pour ses dépenses « coup de tête », vous risquez de vous encombrer d'objets inutiles, de flamber ou encore de vous montrer inconséquent, voire imprévoyant dans la gestion de vos comptes.

VIE PROFESSIONNELLE

L'art de vivre professionnellement avec un ascendant annuel Bélier

Au cours de cette période, vous vous familiariserez avec cet ascendant annuel Bélier plein de fougue et d'élan, qui s'enflamme à la vitesse de l'éclair. Le Bélier étant un leader né, vous aurez tout naturellement envie d'entreprendre, de vous lancer des défis, de travailler à votre compte ou de créer votre propre société. De même, vous ressentirez le besoin de vous faire valoir et ambitionnerez des places de premier. Pour vous, donner des ordres brefs et vous faire obéir deviendra un jeu d'enfant. Sous l'influence de ce signe de Feu, volontaire et plein d'énergie, vous vous affirmerez davantage, vous ferez avancer vos projets et ne laisserez personne vous barrer la route. Quant à Mars, la planète du Bélier, elle vous rendra plus combatif, plus tenace et plus compétitif.

Le revers de la médaille

Sous l'influence de l'ascendant annuel Bélier, fonceur et déterminé, vous risquez de prendre des décisions précipitées ou trop hâtives que vous pourriez regretter ou encore de vous faire des ennemis.

FAMILLE ET AMIS

L'art de vivre socialement avec un ascendant annuel Bélier

Le formidable potentiel de l'ascendant annuel Bélier pour développer du lien est sans conteste son leadership naturel. C'est tout naturellement que vous attirerez dans votre sillage un nombre incroyable de personnes (amis, copains, appuis, relations) qui adhéreront à vos idées et voudront vous suivre dans vos sorties, qu'elles soient festives ou culturelles. En famille, vous rayonnerez par votre joie de vivre et votre bonne humeur. Vous vous rapprocherez de vos cousins et de tous ceux et celles qui vous comprennent et vous soutiennent. Par ailleurs, vous bénéficierez d'un surcroît de notoriété et apprécierez briller dans des dîners par votre verve abondante et votre pétillance.

Le revers de la médaille

Sous l'influence de l'ascendant annuel Bélier, vous vous ferez de nouveaux amis,mais vous risquez de délaisser vos proches ou de balayer des amitiés durables au profit de rencontres éphémères.

FORME ET BIEN-ÊTRE

L'art de vivre physiquement avec un ascendant annuel Bélier

La principale ressource de l'ascendant annuel Bélier pour se maintenir en forme est sans nul doute son attirance pour le sport. Attendez-vous à avoir envie de bouger, de vous surpasser. Le Bélier étant un signe de Feu, actif et dynamique, vous bénéficierez tout naturellement d'un surcroît d'énergies. Vous pourriez même être attiré par des sports de combat (escrime, savate, kickboxing), vous initier aux arts martiaux (taekwondo, kung-fu) ou pratiquer des activités permettant de se défouler (gymnastique, athlétisme) ou que vous n'avez encore jamais essayées (tir western, Kin-ball) afin d'assouvir votre soif de nouveauté. Par ailleurs, vous modifierez probablement votre manière de vous alimenter et vous vous surprendrez à dévorer.

Le revers de la médaille

L'ascendant annuel Bélier confère de belles énergies sans cesse renouvelées, mais incite aussi à foncer tête baissée sans vraiment en mesurer les conséquences. C'est pourquoi vous risquez des chocs à la tête, de vous blesser par inadvertance, ou pire, d'avoir un accident.

CULTURE ET LOISIRS

L'art de se distraire avec un ascendant annuel Bélier

Avec un ascendant annuel Bélier, vous serez en quête de découvertes et chercherez de nouvelles activités. Aussi, ne vous étonnez pas si, du jour au lendemain, vous vous inscrivez dans un club de sport, prenez des cours de tennis, faites un saut à l'élastique, vous lancez dans la pâtisserie ou vous mettez à faire du tricot. Vous pourriez même avoir envie de faire du camping ou de partir à l'aventure explorer les quatre coins du monde. Côté festivités, vous serez un véritable boute-en-train. Attendez-vous à accepter davantage d'invitations, à sortir plus souvent, à voir du monde, à fréquenter des lieux branchés, des restaurants à la mode et à prolonger vos soirées jusque tard dans la nuit.

Le revers de la médaille

Sous l'influence de l'ascendant annuel Bélier, vous risquez de vous lancer de trop nombreux défis, de ne pas pouvoir tenir vos engagements et de déclarer forfait par manque de temps ou de motivation.

Période faste

La saison du printemps, et plus particulièrement les mois de mars et d'avril, ainsi que le jour de la nouvelle lune en Bélier, idéale pour faire un vœu.

Période sous tension

Le début de l'automne et les deux ou trois jours qui précèdent la pleine lune en Bélier, en septembre ou octobre.

L'ASCENDANT ANNUEL TAUREAU

Avec un ascendant annuel Taureau, vous allez vivre une année paisible et apaisante sur le plan matériel et sentimental.

Mots-clefs de l'ascendant annuel Taureau

+	−
Discipliné – Organisé – Ancré Constructif – Laborieux Voluptueux – Patient – Persévérant Épicurien – Matérialiste	Possessif – Têtu – Boudeur Lent – Gourmand

PROFIL PSYCHOLOGIQUE

L'art de vivre psychologiquement avec un ascendant annuel Taureau

Le Taureau est un signe de la lignée Lune, posé et réceptif. Au cours de ces douze mois, vous serez plus prudent, plus réfléchi et plus attentif dans votre manière de penser, de vous exprimer et de vous comporter. Sous l'influence de cet ascendant, vous prendrez votre temps et avancerez précautionneusement et à un rythme constant. Vous aurez envie de vous rapprocher de la nature et de comprendre davantage votre environnement. Par ailleurs, vous bénéficierez d'un plus grand sens de l'organisation et deviendrez plus méthodique dans votre manière de ranger, classer, trier et agencer. Sous l'égide de Vénus, planète du Taureau, de l'amour et des arts, vous développerez un côté épicurien notoire et laisserez votre créativité s'exprimer de manière concrète et palpable.

Le revers de la médaille

Sous l'influence de l'ascendant annuel Taureau, plutôt calme et tranquille, vous risquez d'être déstabilisé par son horloge interne et d'avoir l'impression d'avancer trop lentement, ou pire, de prendre du retard.

AMOUR

L'art de vivre sentimentalement avec un ascendant annuel Taureau

Dans le Zodiaque amoureux, l'ascendant annuel Taureau est un grand sensuel. C'est sans doute pourquoi votre envie de plaire et de charmer s'intensifiera. Vous ferez davantage attention à votre beauté, arborerez des tenues qui vous mettrons davantage en valeur, afficherez un sourire éblouissant et une joie de vivre permanente. Au fil de ces douze mois, votre fibre romanesque interférera de plus en plus souvent dans votre existence. Vous vous découvrirez une nature épicurienne empreinte de volupté et une envie irrésistible d'assouvir vos moindres désirs. En solo, vous aurez du succès et briguerez une relation stable et durable. En couple, vous donnerez le meilleur de vous-même pour combler votre partenaire et faire de votre foyer un havre de paix et d'amour.

Le revers de la médaille

L'ascendant annuel Taureau confère un grand pouvoir de séduction, mais vous risquez de vous montrer trop possessif avec votre partenaire et d'entraver sa liberté. Pire, de l'étouffer ou de lui rendre la vie impossible.

ARGENT

L'art de vivre financièrement avec un ascendant annuel Taureau

Au cours de ces douze mois, vous repenserez sans doute votre rapport à l'argent. Sous l'égide de l'ascendant annuel Taureau, vous bénéficierez des faveurs de Vénus, la planète de la petite fortune par rapport à Jupiter qui symbolise la grande fortune. Vous pourriez même avoir envie de capitaliser, de gérer vos finances, d'investir dans l'immobilier (terrain, maison), d'acquérir du mobilier, un véhicule neuf et écologique ou encore d'entreprendre des travaux d'aménagement ou d'embellissement dans votre maison. Par ailleurs, vous

vous sentirez plus ancrée que jamais et ne vous engagerez jamais à la légère. Toutes vos décisions relatives à vos affaires seront mûrement pensées, réfléchies et mûries. L'ascendant annuel Taureau étant plutôt chanceux, l'envie de vous enrichir en jouant à des jeux d'argent sera grande.

Le revers de la médaille

Sous l'influence de l'ascendant annuel Taureau, vous risquez de laisser filer de belles opportunités d'ordre financier ou de vous faire doubler par un acheteur plus motivé, ou pire, de passer à côté d'une affaire en or.

VIE PROFESSIONNELLE

L'art de vivre professionnellement avec un ascendant annuel Taureau

Le point fort de l'ascendant annuel Taureau est sans nul doute sa force tranquille. Au cours de cette année, vous vous sentirez plus posé, plus efficace, plus responsable et plus pragmatique. Vous ne prendrez aucune décision à la légère et travaillerez d'arrache-pied afin de maintenir votre cap et construire votre avenir. Bien ancré dans vos souliers, vous serez plus motivé pour organiser, planifier et classer. Vos dossiers seront mieux rangés, vos documents mieux étiquetés et vos crayons parfaitement taillés. Sous la houlette de Vénus, la planète du Taureau et des arts, vous laisserez votre créativité s'exprimer, votre intuition vous guider et votre inventivité vous surprendre. Vous pourriez même embellir votre bureau afin de vous concocter un cadre de vie plus agréable.

Le revers de la médaille

Sous l'influence de l'ascendant annuel Taureau, vous serez plus que jamais ancré sur vos positions, mais vous risquez de manquer de réactivité dans une situation d'urgence ou en période de crise.

FAMILLE ET AMIS

L'art de vivre socialement avec un ascendant annuel Taureau

Le formidable potentiel de l'ascendant annuel Taureau pour développer du lien est sans conteste sa fiabilité. À la maison, vous chérirez les vôtres et veillerez à ce qu'ils ne manquent de rien. Vous veillerez à ce que votre intérieur soit toujours propre et accueillant, votre frigo bien rempli et votre dressing réactualisé. Par ailleurs, vous prodiguerez à votre famille une tendresse infinie, des tonnes de câlins et des marques d'affection constantes. Quant à votre sens de l'amitié, vous le cultiverez avec bienveillance. Vous chercherez à rendre service, redoublerez de petites attentions, vous montrerez accueillant, souriant et jovial et n'oublierez jamais de souhaiter un anniversaire.

Le revers de la médaille

L'ascendant annuel Taureau confère un caractère entier et têtu. En cas de contrariété, vous risquez de vous renfermer sur vous-même et de bouder pendant des jours, des semaines, voire des mois ou des années.

FORME ET BIEN-ÊTRE

L'art de vivre physiquement avec un ascendant annuel Taureau

La principale ressource de l'ascendant annuel Taureau pour se maintenir en forme est son sens de l'esthétique. Au cours de ces douze mois, attendez-vous à prendre davantage soin de vous, de votre beauté, de votre corps. Vous serez tenté par des soins visages, des botox capillaires, des douches écossaises, des bains d'algues ou à l'argile. Vous pourriez même être attiré par des activités de plein air comme la randonnée, le trekking ou la marche nordique. Par ailleurs, vous modifierez probablement votre manière de vous alimenter. L'ascendant annuel Taureau étant un fin gastronome, vous passerez du temps en cuisine pour préparer un repas et des heures à table pour le savourer.

Le revers de la médaille

L'ascendant annuel Taureau confère une bonne santé, mais également un bon coup de fourchette. Vous risquez de manger plus que de coutume, d'apprécier les plats riches en calories, les sucreries et de prendre du poids.

CULTURE ET LOISIRS

L'art de se distraire avec un ascendant annuel Taureau

Le signe du Taureau a pour attribut d'avoir la main verte. Vous aurez envie de vous essayer aux travaux de jardinage, de devenir un as des boutures ou de la binette. Par ailleurs, l'ascendant annuel Taureau est attiré par les loisirs créatifs. La poterie, la sculpture ou les travaux d'aiguilles (couture, tricot, broderie) pourraient vous séduire et vous combler. Dans le corps humain, le Taureau représente la gorge et les cordes vocales. Vous pourriez vous découvrir une belle voix, vous mettre à chanter dans votre salle de bains ou au micro d'un karaoké ou encore de vous inscrire dans une chorale.

Le revers de la médaille

L'ascendant annuel Taureau confère de multiples talents artistiques. Toutefois vous risquez de privilégier davantage les activités sédentaires au détriment d'autres plus physiques ou plus sportives.

Période faste

La saison du printemps, et plus particulièrement les mois d'avril et de mai, ainsi que le jour de la nouvelle lune en Taureau, idéale pour faire un vœu.

Période sous tension

Le milieu de l'automne et les deux ou trois jours qui précèdent la pleine lune en Taureau, en octobre ou novembre.

L'ASCENDANT ANNUEL GÉMEAUX

Avec un ascendant annuel Gémeaux, vous allez vivre une année ludique et joyeuse au cours de laquelle vous laisserez votre fantaisie vous guider.

Mots-clefs de l'ascendant annuel Gémeaux

+	−
Optimiste – Rapide – Vif	Insouciant – Impatient
Communicatif – Curieux – Joyeux	Moqueur – Opportuniste
Astucieux – Charmeur	Bavard
Adaptable – Bricoleur	

PROFIL PSYCHOLOGIQUE

L'art de vivre psychologiquement avec un ascendant annuel Gémeaux

Le Gémeaux est un signe de la lignée Soleil, jeune de caractère et plein d'allant. Au cours de ces douze mois, vous positiverez votre manière de penser et de vous comporter. Vous réfléchirez vite et vous exprimerez simplement et clairement. Par ailleurs, vous serez plus curieux, plus ludique, plein d'humour et d'entrain. Vous pourriez même devenir joueur, facétieux, raconter des blagues et vous divertir plus souvent. Sous l'égide de Mercure, planète du Gémeaux et de la communication, vous nouerez facilement des contacts, chercherez tout naturellement à rendre service, mettrez de l'ambiance dans des soirées, vous déplacerez souvent et bénéficierez d'une belle dextérité pour écrire, dessiner ou bricoler.

Le revers de la médaille

Sous l'influence communicative et désinvolte de l'ascendant annuel Gémeaux, vous risquez d'être plus taquin, d'avoir des mots qui dépassent votre pensée et de froisser ceux qui vous écoutent.

AMOUR

L'art de vivre sentimentalement avec un ascendant annuel Gémeaux

Dans le Zodiaque amoureux, l'ascendant annuel Gémeaux fait partie des signes les plus charmeurs. C'est sans doute pourquoi vous aurez envie de charmer, de vous faire apprécier, de tester votre sex-appeal, de capter l'attention, d'établir de nouveaux contacts, d'amadouer par votre humour et votre bonne humeur. Au fil de ces douze mois, votre nouvelle manière de séduire vous étonnera. Vous vous découvrirez une nature heureuse, sans tabou, ouverte à l'amour, empreinte de fantaisie, d'éloquence, de sourires et de rires. Vous serez apprécié pour votre verve, votre éloquence et votre bonne humeur. En solo, vous multiplierez les rencontres. En couple, vous serez en quête de convivialité et de liberté.

Le revers de la médaille

Sous l'influence du charmant et libertin ascendant annuel Gémeaux, vous risquez de charmer à la ronde, de papillonner de cœur en cœur et de provoquer la jalousie de votre partenaire, ou pire, de commettre un adultère.

ARGENT

L'art de vivre financièrement avec un ascendant annuel Gémeaux

Au cours de ces douze mois, vous repenserez probablement votre rapport à l'argent de manière plus fluctuante. Sous l'égide de l'ascendant annuel Gémeaux, vous vous sentirez plus à l'aise pour commercer, négocier, marchander, faire du troc ou lancer des tontines. Vous aurez envie de vous diversifier et ferez des plans sur la comète pour vous enrichir davantage. Vous rentabiliserez votre temps et votre énergie en multipliant les heures supplémentaires, en rendant de menus services, en faisant des extras ou des petits boulots. Vous pourriez même fréquenter les vide-greniers pour désemplir vos placards, vous inscrire sur des sites d'enchères en ligne, vous essayer à la cryptomonnaie, jouer à des jeux d'argent.

Le revers de la médaille

Sous l'influence de l'ascendant annuel Gémeaux, votre sens des économies risque d'être malmené par ce signe plus cigale que fourmi, ou pire, vous pourriez même être tenté de dépenser plus que vous ne gagnez.

VIE PROFESSIONNELLE

L'art de vivre professionnellement avec un ascendant annuel Gémeaux

Le point fort de l'ascendant annuel Gémeaux est sans nul doute son sens de la communication, sa logique, sa réactivité et sa flexibilité. C'est sans doute pourquoi, au cours de cette année, vous passerez plus de temps à téléphoner, écrire, envoyer des mails, rédiger des documents. Vous établirez davantage de contacts, vous déplacerez souvent, ferez moult rencontres et développerez des compétences pour exécuter et réaliser. Tout naturellement, vous saurez donner le coup de pouce final lors d'une transaction, mener à terme une négociation ou encore clôturer un projet. Par ailleurs, votre vitesse de pensée s'accélérera, votre esprit sera plus vif et plus aiguisé. Vous pourriez même vous surprendre à faire des jeux de mots pour vous distraire ou juste pour détendre l'atmosphère.

Le revers de la médaille

L'ascendant annuel Gémeaux fourmille d'idées toutes plus intéressantes les unes que les autres, mais vous risquez de n'avoir ni le temps, ni les moyens de toutes les concrétiser, voire de perdre un temps précieux.

FAMILLE ET AMIS

L'art de vivre socialement avec un ascendant annuel Gémeaux

Dans le cercle zodiacal, l'ascendant annuel Gémeaux bénéficie d'un formidable potentiel pour communiquer et apprécie peu de rester seul longtemps. Vous éprouverez, au cours de ces douze mois, le besoin de vous entourer de davantage d'amis, de copains, de cousins. Vous pourriez même avoir envie de discuter avec des inconnus croisés au hasard de vos pérégrinations ou d'élargir vos relations de voisinage. Sous l'influence de l'ascendant annuel Gémeaux, vous chercherez à vous faire apprécier, à rendre de menus services, ou hébergerez des amis de passage. En famille, vous sèmerez la joie de vivre et la bonne humeur, afin que tout se passe au mieux dans le meilleur des mondes. Par ailleurs, vous développerez des envies de déménagements pour assouvir votre soif de changement.

Le revers de la médaille

Sous l'influence de l'ascendant annuel Gémeaux, vous risquez de faire confiance à des personnes mal intentionnées, peu recommandables ou qui n'en valent pas la peine, et de vous retrouver avec plus de problèmes que de contentements.

FORME ET BIEN-ÊTRE

L'art de vivre physiquement avec un ascendant annuel Gémeaux

La principale ressource de l'ascendant annuel Gémeaux pour se maintenir en forme est sa mobilité. Toujours en mouvement, se déplaçant à la moindre occasion, vous éprouverez le besoin de marcher, de vous dépenser plus souvent et explorerez de nouveaux sentiers. Vous pourriez également apprécier des activités plus ludiques ou des sports cérébraux (puzzle, sudoku, mots croisés), des sports d'équipes (basket, volley) ou aériens (parapente, ULM: ultra léger motorisé). Par ailleurs, vous modifierez probablement votre manière de vous alimenter. Les natifs du signe des Gémeaux ayant tendance à rester mince, vous mangerez de tout avec appétit sans vous focaliser sur votre poids.

Le revers de la médaille

Sous l'influence de l'ascendant annuel Gémeaux qui bouillonne d'idées, vous risquez la surcharge mentale, un manque de concentration, de la fatigue, ou encore de développer des troubles du sommeil et de vous retrouver en état de stress.

CULTURE ET LOISIRS

L'art de se distraire avec un ascendant annuel Gémeaux

Quel bonheur de se retrouver avec un ascendant annuel Gémeaux qui n'est autre que le touche-à-tout du Zodiaque, doté d'une grande dextérité manuelle et cérébrale. Vous pourriez décrypter en un temps record un tuto, devenir un as du bricolage, monter en moins de deux une étagère, repeindre un plafond ou réparer une fuite de robinet. Par ailleurs, vous vous procurerez des jeux de société, des quiz et des livres à foison pour assouvir votre curiosité et votre soif de connaissances. Vous téléchargerez des applications pour apprendre une langue étrangère ou une recette de cuisine. Vous pourriez également vous mettre au tennis, au badminton ou au frisbee.

Le revers de la médaille

Sous l'influence ludique de l'ascendant annuel Gémeaux, vous risquez de passer votre temps à jouer, vous divertir, vous amuser, vous distraire et finir par oublier vos responsabilités, vos engagements et même vos promesses.

Période faste

La saison du printemps, et plus particulièrement les mois de mai et de juin, ainsi que le jour de la nouvelle lune en Gémeaux, idéale pour faire un vœu.

Période sous tension

La fin de l'automne et les deux ou trois jours qui précèdent la pleine lune en Gémeaux, en novembre ou décembre.

L'ASCENDANT ANNUEL CANCER

Avec un ascendant annuel Cancer, vous allez vivre une année mémorable au cours de laquelle vous apprécierez la vie de famille.

Mots-clefs de l'ascendant annuel Cancer

+	−
Imaginatif – Émotif – Réceptif Intuitif – Romantique – Calme Sensible – Contemplatif Poète – Famille	Lunatique – Angoissé – Rêveur Pessimiste – Secret

PROFIL PSYCHOLOGIQUE

L'art de vivre psychologiquement avec un ascendant annuel Cancer

Le Cancer étant un signe de la lignée Lune, vous aurez tendance à vous montrer plus prudent, plus méfiant et précautionneux dans votre manière de penser, de vous exprimer et de vous comporter. Vous vous laisserez guider par votre intuition, donnerez libre cours à votre imagination, dirigerez votre petit monde en douceur et initierez des idées communautaires. Sous l'égide de la Lune, l'astre du Cancer et de la nuit, vous pourriez faire des rêves prémonitoires, bénéficier d'une sensibilité accrue, voire développer des dons médiumniques.

Le revers de la médaille

L'ascendant annuel Cancer confère un tempérament plutôt calme et tranquille, mais lunatique. Vous risquez de changer d'avis trop souvent, de faire des caprices et de déconcerter votre entourage.

AMOUR

L'art de vivre sentimentalement avec un ascendant annuel Cancer

Dans le Zodiaque amoureux, l'ascendant annuel Cancer est un grand romantique. Vous serez à l'écoute de vos émotions et de celles des autres. Vous chercherez à plaire par votre charme, votre douceur, votre tendresse, votre ingénuité, vos messages d'amour et vos petites attentions. Vous aurez envie de fonder une famille ou de l'agrandir. Au cours de ces douze mois, votre fibre romanesque et hyper-sentimentale ira crescendo. Vous serez plus sensible aux marques d'affections, aux baisers échangés, aux dîners aux chandelles, aux promenades au clair de lune, aux bouquets de fleurs et aux contes de fées. En solo, vous rêverez du prince charmant. En couple, vous chercherez à rendre heureux l'élu de votre cœur.

Le revers de la médaille

Sous l'influence de l'ascendant annuel Cancer, votre besoin de sécurité sera exacerbé. Vous risquez de mener une vie trop sédentaire, de ne plus vouloir sortir sans être accompagné, ou pire, de devenir soupçonneux, anxieux, paranoïaque et de chercher à vous venger.

ARGENT

L'art de vivre financièrement avec un ascendant annuel Cancer

Sous l'égide de l'ascendant annuel Cancer, votre manière de dépenser votre argent et de le gérer se modifiera. Vous vous intéresserez davantage à votre patrimoine familial, vous montrerez généreux envers vos proches et dépenserez largement pour les couvrir de cadeaux, leur faire plaisir et les gâter. De même, vous engagerez des dépenses pour améliorer votre habitat, le rendre plus agréable à vivre ou plus écologique. La chance pourrait même vous sourire lors de participation à des concours en ligne, dans les supermarchés ou encore sous la forme d'un legs ou d'un héritage.

Le revers de la médaille
L'ascendant annuel Cancer ne manque ni de chance ni d'intuition, mais il est prodigue et loin d'être un gestionnaire averti. Vous risquez de piocher dans vos économies pour faire face à vos factures.

VIE PROFESSIONNELLE

L'art de vivre professionnellement avec un ascendant annuel Cancer
Au cours de ces douze mois, vous vous familiariserez avec l'ascendant annuel Cancer, plein de sensibilité et d'émotivité, qui prend le temps de vivre et de se reposer. Le signe du Cancer étant un chef doux et délicat, vous saurez mener votre barque avec finesse, vous donnerez un cap à suivre et naviguerez habilement entre les courants. De même, vous vous ferez apprécier par vos petites attentions telles que fleurir votre lieu de travail, initier une pause-détente, discuter à la cafétéria ou encore prendre un goûter à 16 heures. Par ailleurs, vous deviendrez plus sensible, plus intuitif et plus perspicace. Vous laisserez vagabonder votre imagination, donnerez libre cours à votre sensibilité et regorgerez d'idées créatives. Le Cancer étant le signe fétiche de la Lune, vous bénéficierez d'une popularité accrue.
Le revers de la médaille
L'ascendant annuel Cancer est capricieux, lunatique et a trop de sautes d'humeurs au cours de la même journée. Vous risquez de provoquer l'incompréhension de ceux qui vous côtoient, ou pire, d'être mal perçu.

FAMILLE ET AMIS

L'art de vivre socialement avec un ascendant annuel Cancer
Le formidable potentiel de l'ascendant annuel Cancer pour développer du lien est sans nul doute son esprit de famille. C'est sans doute pourquoi, au cours de ces douze mois, vous couverez enfants et conjoint plus que de coutume. Vous vous rapprocherez de vos parents, grands-parents, oncles, tantes, cousins, neveux et vous arrangerez pour les voir plus souvent. Vous aurez même le feu sacré pour initier des réunions de famille, des fêtes, des anniversaires et des mariages. Vous risquez de passer du temps à prendre des photos juste pour vous concocter de beaux souvenirs. En amitié, vous resterez fidèle à vos amis d'enfance et mènerez l'enquête avant d'ouvrir votre porte à de nouvelles relations.
Le revers de la médaille
L'ascendant annuel Cancer a l'esprit de clan et est vindicatif. Vous risquez de vouloir vous venger à la moindre broutille et de monopoliser votre petit monde pour vous assister dans vos représailles. Pire, vous pourriez même déclencher une vendetta.

FORME ET BIEN-ÊTRE

L'art de vivre physiquement avec un ascendant annuel Cancer

La principale ressource de l'ascendant annuel Cancer pour se maintenir en forme est sans nul doute sa capacité de sommeil. Attendez-vous cette année à beaucoup dormir et à faire des siestes digestives. Pour vous maintenir en forme, vous pourriez vous diriger vers des sports nautiques (natation, voile, plongée, snorkeling) ou des activités douces à faire à la maison (Yoga, Pilates), ou encore vous passionner pour la danse. Par ailleurs, vous modifierez probablement votre manière de vous alimenter, en privilégiant la cuisine faite maison, les produits frais, les gâteaux préparés avec amour. Vous pourriez même cultiver votre propre potager.

Le revers de la médaille

L'ascendant annuel Cancer vibre sous l'influence de la Lune. Vous risquez de passer des nuits blanches au moment de la nouvelle lune et de la pleine lune, de faire des insomnies et de vous réveiller fatigué.

CULTURE ET LOISIRS

L'art de se distraire avec un ascendant annuel Cancer

L'ascendant annuel Cancer est très porté sur la famille. Au cours de ces douze mois, vous aurez sans doute envie de vous rapprocher de la vôtre, de passer plus de temps à la maison, de compulser des albums de photos, d'évoquer le bon vieux temps, d'organiser des cousinades, des fêtes costumées, ou d'ériger votre arbre généalogique. Vous pourriez avoir envie de passer plus de temps avec vos aïeuls, les écouter vous raconter des secrets d'antan ou de famille, lire des livres d'histoire ou des romans, déclamer des poésies, peindre à l'aquarelle. Par ailleurs, vous apprécierez le contact avec la nature, vous occuper de votre jardin, ramasser des champignons ou vous rapprocher des animaux, à moins que vous ne préfériez déambuler dans un vide-greniers ou sur une brocante afin de débusquer des objets anciens précieux ou ayant une âme.

Le revers de la médaille

Sous l'influence de l'ascendant annuel Cancer, vous chercherez à percer les secrets de famille, à tout savoir de votre hérédité, mais cela peut s'avérer décevant, voire frustrant.

Période faste

La saison de l'été,et plus particulièrement les mois de juin et de juillet, ainsi que le jour de la nouvelle lune en Cancer, idéale pour faire un vœu.

Période sous tension

Le début de l'hiver et les deux ou trois jours qui précèdent la pleine lune en Cancer, en décembre ou janvier.

L'ASCENDANT ANNUEL LION

Avec un ascendant annuel Lion, vous allez vivre une année solaire et fructueuse au cours de laquelle vous vous donnerez les moyens de vous faire une place au soleil.

Mots-clefs de l'ascendant annuel Lion

+	−
Positif – Dynamique – Chaleureux Franc – Loyal – Généreux Indépendant – Volontaire Travailleur – Ambitieux – Fier	Autoritaire – Susceptible Théâtral – Orgueilleux Colérique

PROFIL PSYCHOLOGIQUE

L'art de vivre psychologiquement avec un ascendant annuel Lion

Le Lion est un signe de la lignée Soleil actif et dynamique. Au cours de ces douze mois, vous chercherez à positiver aussi bien dans votre manière de penser, de vous exprimer que dans votre comportement. Votre sens de l'organisation s'en ressentira dans votre façon de ranger, classer, trier, ordonner, planifier. Sous l'égide du Soleil, l'astre du Lion et de la lumière, vous serez en quête de vérité et d'authenticité. Vous chercherez à clarifier des situations, à briller en toutes circonstances, à briguer les honneurs et les récompenses. Vous privilégierez les personnes franches, directes et loyales en qui vous aurez une confiance absolue. De même, vous bénéficierez d'une grande générosité et d'une belle indépendance pour cheminer dans la vie.

Le revers de la médaille

L'ascendant annuel Lion a du caractère, mais peut se montrer colérique. Vous risquez de rugir, de vous emporter et ne plus arriver à vous contenir. Pire, vous pourriez devenir insultant, voire violent mais, heureusement, juste le temps d'un feu de paille.

AMOUR

L'art de vivre sentimentalement avec un ascendant annuel Lion

Dans le Zodiaque amoureux, l'ascendant annuel Lion est un signe sentimental qui commence par s'aimer avant d'aimer les autres. C'est sans doute pourquoi votre manière d'aimer sera totale, absolue, noble, sincère, teintée de grandeur d'âme, de droiture et de générosité. Vous aurez envie de plaire et de briller. Vous arborerez des tenues élégantes, serez admirablement coiffés, afin de mettre votre chevelure en valeur, et toujours impeccablement chaussés. Au fil des mois, vous théâtraliserez vos sentiments à grand renfort de gestes tendres et affectueux, de compliments bien tournés et de cadeaux luxueux. En solo, vous serez en attente du grand amour. En couple, vous aurez envie de vivre votre amour au grand jour et d'exposer votre bonheur à la terre entière.

Le revers de la médaille

Sous l'influence de l'ascendant annuel Lion, vous risquez de vous montrer trop égocentrique ou trop volontaire, d'attirer trop souvent l'attention sur vous afin de revendiquer votre part de divin et d'éclipser sans modération votre moitié.

ARGENT

L'art de vivre financièrement avec un ascendant annuel Lion

Au cours de ces douze mois, votre manière de concevoir vos finances se métamorphosera. Le Lion étant le signe le plus doué du Zodiaque pour capitaliser et gérer ses finances. Vous ressentirez l'envie de prospérer, d'accumuler des richesses et de vivre dans l'abondance. Vous pourriez même solliciter une augmentation, faire des heures supplémentaires, accepter un travail mieux rémunéré ou encore remporter une prime. L'ascendant annuel Lion étant extrêmement généreux et bienfaisant, vous voudrez le meilleur pour vous-même et pour votre famille. C'est sans doute pourquoi vous vous surprendrez à faire vos courses chez les meilleurs commerçants, vous rendrez dans les plus belles boutiques ou offrirez des cadeaux somptueux.

Le revers de la médaille

Sous l'influence du généreux ascendant annuel Lion, vous risquez de faire un trou dans votre budget, de vider votre tire-lire, de solliciter un prêt ou d'emprunter de l'argent afin de vous offrir le luxe ambitionné par le roi des animaux.

VIE PROFESSIONNELLE

L'art de vivre professionnellement avec un ascendant annuel Lion

Le point fort de l'ascendant annuel Lion est sans nul doute lié à son caractère de battant. C'est pourquoi, au cours de cette année, vous verrez vos ambitions s'amplifier, votre autorité augmenter et votre capacité de travail se décupler. Le Lion étant doué pour organiser, préparer et programmer, vous risquez de voir vos projets mieux administrés, vos dossiers parfaitement gérés et votre agenda complètement rempli. Par ailleurs, vous prendrez davantage conscience de votre valeur, de vos compétences et de votre savoir-faire. Vous verrez ainsi votre aura grandir, les compliments pleuvoir, les récompenses poindre et les honneurs arriver. Le roi des animaux étant le signe fétiche du Soleil, vous bénéficierez d'une réussite accrue.

Le revers de la médaille

Sous l'influence de l'ascendant annuel Lion, l'échec ne sera pas une option. Vous risquez de vous montrer susceptible et arrogant face aux critiques ou de vous en vouloir si vous ne parvenez pas à vos fins.

FAMILLE ET AMIS

L'art de vivre socialement avec un ascendant annuel Lion

Le formidable potentiel de l'ascendant annuel Lion pour développer du lien est sans conteste sa franchise et sa loyauté. C'est sans doute pourquoi vous aurez tendance à dire ce que vous pensez sans ambages et vous montrer droit et probe avec ceux que vous appréciez. En tant que super ami, vous répondrez présent s'ils vous sollicitent en cas de coup dur. Vous pourriez même vous comporter en grand seigneur en apportant une aide financière. En famille, vous vous centrerez uniquement sur la vôtre (conjoint et enfants essentiellement). Vous la comblerez de votre amour, de vos faveurs, de votre protection et de votre générosité légendaire afin qu'aucun des vôtres ne manque jamais de rien.

Le revers de la médaille

Sous l'influence de l'ascendant annuel Lion, dont l'agenda est surchargé, vous risquez de manquer de temps, de voir moins souvent vos amis et de développer insuffisamment votre relationnel ou vos réseaux sociaux.

FORME ET BIEN-ÊTRE

L'art de vivre physiquement avec un ascendant annuel Lion

La principale ressource de l'ascendant annuel Lion pour se maintenir en forme tient dans la devise « un esprit sain dans un corps sain ». Au cours de ces douze mois, vous aurez envie de prendre davantage soin de vous. Vous privilégierez des activités de plein air comme la marche, le tennis ou les parcours santé, rechercherez les bienfaits du spa pour vous détoxifier. Par ailleurs, vous modifierez probablement votre manière de vous alimenter en étant plus vigilant avec la nourriture. Vous privilégierez les bonnes adresses pour vous approvisionner, achèterez des produits locaux ou bio et éviterez les plats trop riches ou en sauce afin d'avoir une alimentation saine et équilibrée, exempte de produits chimiques et de graisse.

Le revers de la médaille

Sous l'influence de l'ascendant annuel Lion, vous risquez de vous sentir épuisé, de vous coucher plus tôt, de privilégier les micro-siestes ou les grasses matinées afin de récupérer des énergies salvatrices.

CULTURE ET LOISIRS

L'art de se distraire avec un ascendant annuel Lion

L'ascendant annuel Lion est un esthète qui aime se cultiver, lire des biographies de célébrités ou d'auteurs classiques, écouter de la musique, aller au théâtre, voir un film oscarisé ou plébiscité par la critique. Par ailleurs, ce signe de Feu, généreux et adepte de l'excellence, recherche le meilleur en tout. Il vous incitera non seulement à vous faire plaisir, mais aussi à vous montrer prodigue avec ceux que vous aimez. Sous sa houlette, vous fréquenterez des endroits élégants et réputés, réserverez dans des restaurants renommés et passerez des vacances idylliques dans des établissements prisés ou des villas luxueuses. Vous l'aurez compris, rien ne sera trop beau pour vous au cours de cette année.

Le revers de la médaille

Sous l'influence de l'ascendant annuel Lion, vous risquez d'être jalousé, envié et d'attirer des personnes davantage intéressées par votre générosité que par votre personne.

Période faste

La saison de l'été, et plus particulièrement les mois de juillet et d'août, ainsi que le jour de la nouvelle lune en Lion, idéale pour faire un vœu.

Période sous tension

Le cœur de l'hiver et les deux ou trois jours qui précèdent la pleine lune en Lion, en janvier ou février.

L'ASCENDANT ANNUEL VIERGE

Avec un ascendant annuel Vierge, vous allez vivre une année tranquille et pacifique au cours de laquelle vous vous focaliserez sur vous et sur votre santé.

Mots-clefs de l'ascendant annuel Vierge

+	−
Réaliste – Logique – Analytique Minutieux – Pondéré Polyvalent – Prudent Économe – Cultivé – Calme	Critique – Hypocondriaque Solitaire – Timide – Modeste

PROFIL PSYCHOLOGIQUE

L'art de vivre psychologiquement avec un ascendant annuel Vierge

La Vierge est un signe de la lignée Lune sensé et sensible. Au cours de ces douze mois, vous aurez tendance à vous montrer prudent, réfléchi et méticuleux dans votre vie. Votre sens de la réalisation s'en ressentira et vous serez plus doué pour exécuter, finaliser, achever. Vous pourriez même faire plusieurs choses en même temps ou devenir plurivalent. Sous l'égide de Mercure, la planète de la Vierge et de l'intelligence, votre esprit aura besoin de certitudes, de logique et s'appuiera sur des faits. De même, votre capacité de raisonnement sera plus précise, plus rigoureuse, plus méthodique. Les chiffres deviendront vos alliés et vous apprécierez calculer, mesurer, développer des schémas et analyser des systèmes.

Le revers de la médaille

L'ascendant annuel Vierge est rationnel et minutieux, mais manque cruellement de confiance en lui. C'est pourquoi vous risquez de douter de tout, de couper les cheveux en quatre, de ne faire confiance à personne et de vous recroqueviller sur vous-même.

AMOUR

L'art de vivre sentimentalement avec un ascendant annuel Vierge

Dans le Zodiaque amoureux, l'ascendant annuel Vierge fait partie des signes les plus cérébraux. C'est sans doute pourquoi votre envie de plaire sera pondérée par une certaine retenue teintée de timidité et de pudeur. Vous séduirez nonobstant par votre douceur, votre pureté, votre calme, votre modestie, votre discrétion et votre conversation. Au cours de ces douze mois, votre vie sentimentale risque de vous cantonner davantage dans un rôle d'observateur, à moins que la Vierge folle qui sommeille en vous ne vienne détrôner la Vierge sage et ne vous incite à vivre des moments plus psychédéliques. En solo, vous apprécierez les joies du célibat. En couple, vous intellectualiserez votre relation ou expérimenterez le kamasûtra.

Le revers de la médaille

L'ascendant annuel Vierge prône la tranquillité et le célibat. Vous risquez de vous isoler, de ne plus vouloir sortir de votre grotte, de brider vos élans, d'afficher une trop grande indifférence ou de fuir les moments d'intimité.

ARGENT

L'art de vivre financièrement avec un ascendant annuel Vierge

Au cours de ces douze mois, vous repenserez vraisemblablement votre rapport à l'argent. Sous l'égide de l'ascendant annuel Vierge, vous prendrez en main vos finances de manière sérieuse et réfléchie. Vous surveillerez vos comptes à la loupe, gérerez votre patrimoine avec parcimonie et n'hésiterez pas à faire valoir vos droits. Par ailleurs, vous serez plus logique, plus circonspect et ne vous engagerez jamais à la légère. Toute décision relative à l'argent sera mûrement pensée, raisonnée et analysée, d'autant que votre perspicacité, alliée à votre sens de l'analyse, vous préservera de bien des désillusions. Vous éviterez également les dépenses superflues et fuirez les crédits mirobolants et les emprunts ahurissants.

Le revers de la médaille

Sous l'influence de l'ascendant annuel Vierge, rationnel et économe, vous risquez de manquer d'ambition, de vous contenter de ce que vous avez, de laisser dormir vos économies ou de réagir à retardement.

VIE PROFESSIONNELLE

L'art de vivre professionnellement avec un ascendant annuel Vierge

Le point fort de l'ascendant annuel Vierge est sans nul doute son sens de la logique et de l'analyse. Au cours de ces douze mois, vous passerez beaucoup de temps à trier vos dossiers, à nettoyer votre ordinateur, à rédiger des rapports ou encore à vérifier des données ou à valider des informations. Votre sens de la réalisation s'affinera et vous vous sentirez motivé pour exécuter, finaliser, peaufiner et exercer votre œil critique. Sous la houlette de Mercure, la planète de l'intelligence et de la Vierge, vous développerez une grande lucidité, bénéficierez d'un esprit vif et vérifierez systématiquement vos sources avant de rendre une expertise. Par ailleurs, vous serez méticuleux avec votre ordinateur. Vous ferez des mises à jour et téléchargerez de nouvelles applications.

Le revers de la médaille

Sous l'influence de l'ascendant annuel Vierge, calme et posé, vous risquez de ne pas supporter certaines conditions de travail, comme un niveau sonore trop élevé ou des bavardages déplacés, qui vous empêcheront de vous concentrer.

FAMILLE ET AMIS

L'art de vivre socialement avec un ascendant annuel Vierge

Le grand potentiel de l'ascendant annuel Vierge dans sa vie sociale est son sens de la discrétion. En famille, vous vous montrerez serviable, poli, bien élevé. À l'occasion des fêtes et des anniversaires, vous vous montrerez discret, préférant laisser la vedette au héros du jour, quitte à passer inaperçu. En amitié, vous serez sélectif et privilégierez ceux et celles qui sont à votre image, c'est-à-dire posés, discrets et réservés. Ainsi, vous vous délecterez de soirées tranquilles à la maison, de conversations agréables cadencées de pointe d'humour ou de bons mots. Par ailleurs, vous apprécierez rendre service, vous montrer utile et bien élevé.

Le revers de la médaille

Sous l'influence de l'ascendant annuel Vierge, vous prendrez vos distances avec votre entourage ce qui ne vous empêchera pas de rendre quelques menus services de temps à autre, dans un esprit donnant-donnant.

FORME ET BIEN-ÊTRE

L'art de vivre physiquement avec un ascendant annuel Vierge

La principale ressource de l'ascendant annuel Vierge pour se maintenir en forme est sa manière de s'alimenter. C'est pourquoi vous ferez très attention aux produits manufacturés que vous achèterez. Vous lirez attentivement les étiquettes, afin d'identifier leurs compositions et de vous prémunir des additifs et des conservateurs nocifs pour la santé. Par ailleurs, vous modifierez probablement votre manière de vous alimenter. Vous mangerez lentement et à heures fixes. Pour vous maintenir en forme, vous ferez des activités physiques à la maison (altères, vélo d'appartement, squats), téléchargerez des applications d'entraînement ou suivrez des cours de sport sur YouTube. Vous pourriez être également attiré par des sports de plein air (golf, tir à l'arc, tennis).

Le revers de la médaille

L'ascendant annuel Vierge est un tantinet hypocondriaque. Vous risquez de surveiller votre santé plus que de coutume, d'aller voir votre médecin plus souvent et de dévaliser la pharmacie du coin.

CULTURE ET LOISIRS

L'art de se distraire avec un ascendant annuel Vierge

La Vierge est un signe cérébral plutôt solitaire. Au cours de ces douze mois, votre soif d'apprendre s'intensifiera et votre envie de vous cultiver s'amplifiera. Vous rechercherez des passe-temps intellectuels qui rassasieront vos neurones et stimuleront votre mental. Vous apprécierez passer du temps à la bibliothèque ou au rayon livre de votre librairie favorite avant de repartir avec l'ouvrage qui vous convient le mieux. Vous pourriez même faire des puzzles ou des maquettes qui demandent de la patience ou vous passionner pour des jeux vidéo. Par ailleurs, vous apprécierez les voyages culturels, les villes historiques, les vacances à la montagne ou dans des lieux calmes et tranquilles.

Le revers de la médaille

Sous l'influence de l'ascendant annuel Vierge, vous privilégierez les sports cérébraux et pratiquerez de préférence des activités en solo mais risquez de vous retrouver trop souvent en face-à-face avec vous-même.

Période faste

La saison de l'été, et plus particulièrement les mois d'août et de septembre, ainsi que le jour de la nouvelle lune en Vierge, idéale pour faire un vœu.

Période sous tension

La fin de l'hiver et les deux ou trois jours qui précèdent la pleine lune en Vierge, en février ou mars.

L'ASCENDANT ANNUEL BALANCE

Avec un ascendant annuel Balance, vous allez vivre une année harmonieuse au cours de laquelle vous laisserez émerger des talents insoupçonnés.

Mots-clefs de l'ascendant annuel Balance

+	−
Conciliant – Aimable – Juste Posé – Sentimental – Pacifique Esthète – Sociable – Diplomate Souriant	Indécis – Versatile – Nonchalant Intrigant – Dépensier

PROFIL PSYCHOLOGIQUE

L'art de vivre psychologiquement avec un ascendant annuel Balance

L'ascendant annuel Balance est un signe de la lignée Soleil. C'est pourquoi vous aurez tendance à positiver votre manière de penser, de vous exprimer et de vous comporter, au cours de ces douze mois. Vous aurez également envie de diriger, guider, coacher de manière douce et harmonieuse, avec bienveillance et compréhension. Vous initierez des projets, communiquerez avec tact et diplomatie et trouverez naturellement des compromis. Sous l'égide de Vénus, planète de la Balance, de l'amour, des arts et de la justice, vous adorerez parler de sentiments, serez irrésistiblement attiré par les beautés du monde et verrez votre sens esthétique s'aiguiser. Vous serez davantage en quête de paix, de justice et d'harmonie.

Le revers de la médaille

Sous l'influence de l'ascendant annuel Balance, vous chercherez à prendre des décisions justes pour équilibrer les plateaux de votre balance, mais vous risquez de changer trop souvent d'avis pour y parvenir.

AMOUR

L'art de vivre sentimentalement avec un ascendant annuel Balance

Dans le Zodiaque amoureux, l'ascendant annuel Balance est un grand sentimental. C'est sans doute pourquoi votre envie de plaire se manifestera souvent au cours de ces douze mois. Vous serez plus attentif à votre image, vous occuperez davantage de votre look et de votre beauté. Vous vous montrerez aussi plus affectueux, plus attentif et plus souriant. Quant à votre fibre romantique, elle tiendra une place grandissante au quotidien. Vous prendrez un énorme plaisir à jouer les cupidons ou à intervenir dans les affaires de cœur, initierez des mariages et vous entourerez de prétendants pour vous rassurer sur votre séduction. En solo, l'envie de vous unir sera grande et des fiançailles ou un mariage seront envisageables. En couple, vous serez en quête d'une vie sociale épanouissante.

Le revers de la médaille

Sous l'influence de l'ascendant annuel Balance, vous séduirez plus que d'habitude et vous risquez de menacer l'équilibre de votre couple, ou pire, de vous enfuir ou demander le divorce, dès lors que votre relation ne vous conviendra plus.

ARGENT

L'art de vivre financièrement avec un ascendant annuel Balance

Au cours de ces douze mois, votre rapport à l'argent risque de se modifier. Sous l'égide de l'ascendant annuel Balance, vous serez peu préoccupé par l'état de vos finances ou de vos comptes. Vous serez enclin à faire marcher facilement votre carte de crédit à l'occasion d'un shopping, d'une vente sur Internet et ne résisterez pas à l'idée d'offrir des cadeaux ou d'arriver les mains pleines lors d'une invitation à dîner. Par ailleurs, vous vous offrirez des soins en instituts, des escapades en amoureux, des vacances culturelles, des billets pour aller au théâtre, au musée, voir une exposition ou assister à un spectacle musical.

Le revers de la médaille

L'ascendant annuel Balance est un panier percé. Vous risquez de beaucoup trop dépenser et d'avoir des fins de mois difficiles, des appels de votre banquier, des agios à payer, ou pire, de vous retrouver dans le rouge à la banque de France.

VIE PROFESSIONNELLE

L'art de vivre professionnellement avec un ascendant annuel Balance

Le point fort de l'ascendant annuel Balance est sans nul doute son sens de la diplomatie. Au cours de cette année, vous vous adapterez plus facilement aux circonstances, évaluerez les points de vue en présence. Vous vous garderez bien volontiers de juger et, vous préférerez jauger, intervenir au bon moment ou étayer votre discours avec de bons arguments. Vous serez naturellement doué pour diriger, prendre les choses en main, initier de nouvelles idées, amorcer de nouveaux partenariats ou vous associer. Sous la houlette de Vénus, la planète de la Balance, des arts et de l'équité, vous serez particulièrement attiré par des projets d'ordre artistique auxquels vous apporterez votre sens de la beauté, de l'éthique et de l'esthétique.

Le revers de la médaille

Sous l'influence de l'ascendant annuel Balance, vous serez inspiré et vous aurez pléthores de bonnes idées. Vous risquez de ne pas savoir comment les mettre en pratique et finir par les délaisser.

FAMILLE ET AMIS

L'art de vivre socialement avec un ascendant annuel Balance

Le formidable potentiel de l'ascendant annuel Balance pour se faire des amis est sans conteste sa sociabilité. Au cours de ces douze mois, vous développerez des qualités de rassembleurs, contacterez plus souvent vos amis et relations, lancerez des invitations à dîner ou proposerez des sorties. En famille, vous entretiendrez des liens plus serrés. Vous verrez plus souvent vos proches, offrirez des petits cadeaux, enverrez des cartes d'anniversaires et vos vœux de fin d'année. Par ailleurs, vous vous investirez davantage dans l'organisation des festivités et participerez plus volontiers aux anniversaires, fiançailles et mariages. D'une manière générale, vous veillerez à maintenir de bons rapports avec tous en utilisant votre tact et votre sens de la diplomatie.

Le revers de la médaille

L'ascendant annuel Balance ne supporte pas l'injustice et n'hésite pas à le faire savoir. Vous risquez des retours de bâton ou des fâcheries en vous mêlant des affaires des autres. Pire, vous pourriez devenir *persona non grata*.

FORME ET BIEN-ÊTRE

L'art de vivre physiquement avec un ascendant annuel Balance

La principale ressource de l'ascendant annuel Balance pour se maintenir en forme est sans nul doute sa quête de beauté. Au cours de ces douze mois, vous serez amené à prendre davantage soin de vous et de votre image. Votre recherche de bien-être vous amènera à vous chouchouter, à faire des soins du visage, des massages, des enveloppements, des modelages, mais aussi à fréquenter des centres de soins, des établissements de thalassothérapie. Vous pourriez parallèlement être attiré par des activités artistiques (danse, patinage), des gymnastiques douces (Pilates, stretching) ou des activités en plein air (badminton, croquet). Par ailleurs, vous modifierez probablement votre manière de vous alimenter, en privilégiant une nourriture plus équilibrée, basée sur des produits de saison, locaux et bio. Vous pourriez même vous offrir un pèse-personne connecté afin de surveiller votre état de santé.

Le revers de la médaille

L'ascendant annuel Balance est sociable et adore recevoir dans les règles de l'art. Vous risquez d'organiser des apéros à répétition, de faire des dîners trop arrosés, de ne pas dormir suffisamment et de prendre des kilos superflus.

CULTURE ET LOISIRS

L'art de se distraire avec un ascendant annuel Balance

L'ascendant annuel Balance est aimable et sociable. C'est pourquoi, au cours de ces douze mois, vous vous métamorphoserez en hôte de rêve, lancerez des invitations et excellerez dans l'art de la conversation. Vous serez autant attiré par la lecture d'un roman à l'eau de rose que par une poésie, regarderez des séries romantiques et vous offrirez des billets pour des spectacles en vogue. Vous pourriez même développer des talents artistiques. Vous mettre à la peinture ou à l'aquarelle, créer vos propres tableaux, vous inscrire dans une école d'art, à moins que vous ne préfériez arpenter les salles d'un musée, afin d'y admirer un tableau de maître ou échanger quelques mots avec des artistes en résidence.

Le revers de la médaille

L'ascendant annuel Balance aime prendre le temps de vivre et n'a pas son pareil pour profiter des plaisirs de la vie. Vous risquez néanmoins de passer trop de temps à vous divertir et de passer pour un oisif ou une dilettante.

Période faste

La saison de l'automne, et plus particulièrement celle de l'été indien, les mois de septembre et d'octobre, ainsi que le jour de la nouvelle lune en Balance, idéale pour faire un vœu.

Période sous tension

La fin du printemps et les deux ou trois jours qui précèdent la pleine lune en Balance, en mars ou avril.

L'ASCENDANT ANNUEL SCORPION

Avec un ascendant annuel Scorpion, vous allez vivre une année intense et inoubliable au cours de laquelle vous chercherez à tester vos limites.

Mots-clefs de l'ascendant annuel Scorpion

+	−
Authentique – Franc – Direct	Excessif – Rancunier
Courageux – Fascinant	Énigmatique – Taciturne
Charismatique – Magnétique	Inquisiteur
Génial – Héroïque – Passionné	

PROFIL PSYCHOLOGIQUE

L'art de vivre psychologiquement avec un ascendant annuel Scorpion

Le Scorpion est un signe de la lignée Lune prudent et réceptif. Au cours de ces douze mois, vous laisserez votre instinct vous guider dans votre manière de penser, de vous exprimer et de vous comporter. Non seulement vous serez hypersensible et réactif, mais vous voudrez tout, tout de suite. Sous l'égide de Mars, la planète du Scorpion et de l'action, vous bénéficierez d'énergies sans cesse renouvelées, d'un courage à toute épreuve, d'un magnétisme envoûtant et d'un charisme accru. Vous apprécierez improviser plus souvent votre vie et prendrez davantage de risques. Par ailleurs, vous serez probablement attiré par les sciences occultes et l'au-delà.

Le revers de la médaille

L'ascendant annuel Scorpion est un électron libre. Vous risquez de tester vos limites, de dépasser les bornes ou encore de vous lancer des défis impossibles à réaliser, ou pire, de vous autodétruire.

AMOUR

L'art de vivre sentimentalement avec un ascendant annuel Scorpion

Dans le Zodiaque amoureux, l'ascendant annuel Scorpion est passionné. C'est sans doute pourquoi votre manière d'aimer risque d'être plus ardente, plus instinctive, plus provocatrice, plus audacieuse et plus sexy. Au cours de cette année, vous aurez un besoin vital de tomber amoureux, de vous sentir authentique et de conquérir l'être aimé sans relâche. Votre fibre romanesque interférera de plus en plus souvent dans votre quotidien. Vous vous découvrirez une nature plus charnelle, empreinte de magnétisme, de charisme et d'un érotisme accru. En solo, vous serez en quête de passion et d'amour. En couple, vous serez plus tactile et plus câlin.

Le revers de la médaille

Sous l'influence de l'ascendant annuel Scorpion, votre libido sera exacerbée. Vous risquez d'être plus rock'n'roll, de vous habiller plus sexy, de porter du rouge, du cuir, du latex ou des dentelles, et de faire plus souvent des allusions au sexe.

ARGENT

L'art de vivre financièrement avec un ascendant annuel Scorpion

Au cours de ces douze mois, vous reconsidérerez vraisemblablement votre rapport à l'argent. Sous l'égide de l'ascendant annuel Scorpion, votre intuition s'aiguisera, votre magnétisme s'intensifiera et vous attirerez l'argent à vous comme un aimant. Vous pourriez même avoir des traits de génie pour saisir des opportunités, faire des acquisitions à moindres coûts, booster vos comptes ou accroître votre patrimoine. Vous bénéficierez également d'un énorme capital chance, d'un magnétisme puissant et d'un tempérament de joueur. Vous développerez un attrait grandissant pour les jeux d'argent ou de paris, les investissements boursiers, le marché des crypto-monnaies et des crypto-devises. Par ailleurs, vous pourriez bénéficier d'un legs ou d'un héritage.

Le revers de la médaille

Sous l'influence de l'ascendant annuel Scorpion, vous n'aurez peur de rien et préférerez écouter davantage votre instinct que votre raison, quitte à vous retrouver dans le rouge à la banque.

VIE PROFESSIONNELLE

L'art de vivre professionnellement avec un ascendant annuel Scorpion

Le point fort de l'ascendant annuel Scorpion est sans nul doute sa force de persuasion. C'est sans doute pourquoi au cours de cette année, vous vous sentirez puissant, invulnérable, invincible. Vous aurez une belle assurance et une grande force de conviction pour faire avancer vos projets et réussir l'impossible. Votre sens de l'organisation sera affûté et vous serez étonnamment compétent pour programmer et planifier. Vous vous donnerez les moyens d'agir en temps et en heure sans rendre de compte à personne. Sous la houlette de Mars, la planète du Scorpion et de l'action, vous bénéficierez d'une plus grande combativité, d'un courage exemplaire et d'énergies sans cesse renouvelées pour vous épauler.

Le revers de la médaille

L'ascendant annuel Scorpion a son franc-parler, est indiscipliné et rebelle et n'a pas pour habitude de se remettre en question. C'est sans doute pourquoi vous risquez de frôler l'insubordination, de vous mettre à dos votre hiérarchie, ou pire, d'être mis à pied.

FAMILLE ET AMIS

L'art de vivre socialement avec un ascendant annuel Scorpion

Le formidable potentiel de l'ascendant annuel Scorpion pour développer du lien est sans conteste sa fidélité. En famille, vous éprouverez le besoin d'établir des liens solides avec vos proches, de manifester sans ambiguïté vos émotions, d'avoir vos enfants dans votre giron et de les entourer d'amour. En amitié, vous ferez preuve de sincérité et de loyauté. Vous passerez du temps avec vos amis préférés et vous enthousiasmerez pour de nouvelles amitiés pleines de promesses. Par ailleurs, vous chercherez à faire plus souvent la fête et à vivre intensément chaque seconde pour vous sentir exister.

Le revers de la médaille

Sous l'influence de l'ascendant annuel Scorpion, vous serez dévoué à vos proches et les protégerez contre vents et marées mais à la moindre infidélité ou manquement à la parole donnée, vous risquez de vous sentir trahi et de vouloir vous venger.

FORME ET BIEN-ÊTRE

L'art de vivre physiquement avec un ascendant annuel Scorpion

La principale ressource de l'ascendant annuel Scorpion pour se maintenir en forme est sans nul doute son envie de se surpasser. Au cours de ces douze mois, vous bénéficierez d'une grande énergie et ressentirez moins le poids de la fatigue. Vous pourriez même être attiré par des sports extrêmes à fort potentiel d'adrénaline (rafting, kayak de rivière, base jump, saut à l'élastique) ou de vitesse (courses de motos, autos) ou par des activités permettant de se défouler (boxe, aïkido, Krav Maga). Par ailleurs, vous modifierez probablement votre manière de vous alimenter, en commandant vos repas sur un site de livraison en ligne pour gagner du temps.

Le revers de la médaille

L'ascendant annuel Scorpion est un casse-cou qui n'a aucune limite et adore flirter avec le danger. Vous risquez d'expérimenter des activités trop intenses auxquelles vous n'êtes pas suffisamment préparé et de vous faire des sueurs froides, ou pire, de vous casser quelque chose.

CULTURE ET LOISIRS

L'art de se distraire avec un ascendant annuel Scorpion

Passer toute une année avec un ascendant annuel Scorpion est une expérience captivante, mais pas vraiment de tout repos. Vous serez à la recherche d'émotions fortes, de lectures passionnantes, de films catastrophes, d'escapades régénérantes, de découvertes de lieux sacrés ou chargés d'histoires, de rencontres enrichissantes, à moins que vous ne préfériez faire du bénévolat ou voler au secours de la veuve et de l'orphelin. Par ailleurs, vous serez en quête de vérité et développerez de l'intérêt pour l'au-delà, l'occulte ou la vie après la mort. Vous lirez des ouvrages sur ce sujet, vous procurerez des coffrets divinatoires, consulterez des médiums.

Le revers de la médaille

Sous l'influence de l'ascendant annuel Scorpion, vous serez en quête d'extraordinaire. Vous risquez d'être déçu et de perdre confiance en vous.

Période faste

La saison de l'automne, et plus particulièrement celle de la Toussaint, les mois d'octobre, et de novembre ainsi que le jour de la nouvelle lune en Scorpion, idéale pour faire un vœu.

Période sous tension

Le milieu du printemps, la période de lune rousse, ainsi que les deux ou trois jours qui précèdent la pleine lune en Scorpion, en avril ou mai.

L'ASCENDANT ANNUEL SAGITTAIRE

Avec un ascendant annuel Sagittaire, vous allez vivre une année épique et aventureuse au cours de laquelle vous explorerez les beautés du monde.

Mots-clefs de l'ascendant annuel Sagittaire

+	−
Chaleureux – Polyvalent – Direct	Moralisateur – Colérique
Généreux – Rayonnant – Éloquent	Orgueilleux – Téméraire
Indépendant – Bienveillant	Soupe au lait
Philosophe – Globe-trotteur	

PROFIL PSYCHOLOGIQUE

L'art de vivre psychologiquement avec un ascendant annuel Sagittaire

L'ascendant annuel Sagittaire est un signe de la lignée Soleil. À ce titre, vous positiverez votre manière de penser, de vous exprimer et de vous comporter, au cours de cette année, en étant franc et direct. Vous serez doué pour exécuter, finaliser, achever et userez de dissuasion plutôt que d'interdiction. Sous l'égide de Jupiter, la planète du Sagittaire et de l'expansion, vous aurez soif d'aventures et votre envie de découvrir les beautés du monde et de voyager sera grande. Vous bénéficierez d'une belle aura, rayonnerez de mille feux et serez apprécié pour votre bienveillance, votre générosité et votre altruisme. Par ailleurs, vous développerez de beaux idéaux, élargirez vos croyances, accroîtrez votre foi et déploierez votre spiritualité.

Le revers de la médaille

Sous l'influence de l'ascendant annuel Sagittaire, vous verrez tout en grand et viserez loin et haut. Vous risquez toutefois d'être déçu ou frustré si vous ne parvenez pas à atteindre vos buts, ou pire, de perdre confiance en vous.

AMOUR

L'art de vivre sentimentalement avec un ascendant annuel Sagittaire

Dans le Zodiaque amoureux, l'ascendant annuel Sagittaire est un grand sentimental. C'est sans doute pourquoi votre envie de plaire et de charmer s'amplifiera au cours de ces douze mois. Vous saurez davantage vous mettre en valeur. Vous accessoiriserez vos tenues, porterez des bijoux flatteurs et afficherez un visage rayonnant. Vous attirerez les compliments et aurez davantage foi en l'amour. Bientôt, vous vous réjouirez à l'idée de partager un repas en amoureux, de passer une soirée romantique sous la voûte étoilée, de vous blottir au coin du feu ou de réaliser les rêves de votre bien-aimé. En solo, vous laisserez le temps au temps. En couple, vous serez en quête d'une belle complicité.

Le revers de la médaille

Sous l'influence de l'ascendant annuel Sagittaire, vous risquez de vous mettre en colère au moindre reproche, à la moindre remarque ou dès que vous aurez l'impression que votre liberté de mouvement sera menacée.

ARGENT

L'art de vivre financièrement avec un ascendant annuel Sagittaire

Au cours de ces douze mois, vous considérerez autrement vos finances. Sous l'égide de l'ascendant annuel Sagittaire, vous serez plutôt doué pour capitaliser et gérer vos dépenses. Vous risquez même de bénéficier de circonstances favorables pour améliorer votre quotidien, de coups du sort inattendus pour booster vos revenus ou gagner à des jeux d'argent. À la fois, prodigue et généreux, vous gâterez ceux que vous aimez plus que de coutume et leur offrirez tout ce qui est nécessaire à leur bien-être. Par ailleurs, vous pourriez acquérir des terres, des terrains et des biens, à moins que vous ne préfériez investir dans une résidence à l'étranger ou devenir collectionneur ou mécène.

Le revers de la médaille
Sous l'influence de l'ascendant annuel Sagittaire, vous envisagerez des partenariats financiers, mais risquez de vous associer à des personnes peu fiables, ou pas suffisamment compétentes, susceptibles de vous faire perdre du temps et de l'argent.

VIE PROFESSIONNELLE

L'art de vivre professionnellement avec un ascendant annuel Sagittaire
Le point fort de l'ascendant annuel Sagittaire est sans nul doute son sens de l'expansion. C'est sans doute pourquoi, au cours de ces douze mois, vous apprécierez voir grand, loin et en technicolor. Vous pourriez même avoir envie de travailler à l'international, de vous expatrier ou de briguer un poste plus élevé dans votre activité professionnelle. Par ailleurs, vous serez plus compétent pour exécuter, finaliser et réaliser. Vous ciblerez mieux vos objectifs, finaliserez vos projets en cours ou ferez aboutir une négociation grâce à votre éloquence et votre rayonnement. Sous la houlette de Jupiter, la planète du Sagittaire et de la bonne fortune, vous pourriez même bénéficier d'appuis inopinés ou de circonstances favorables pour parvenir à vos fins.
Le revers de la médaille
Sous l'influence de l'ascendant annuel Sagittaire, vous chercherez à élargir vos horizons et à faire votre place au soleil. Toutefois, en cas de déboire, de déconvenue ou d'insuccès, vous risquez de mettre un certain temps à vous en remettre.

FAMILLE ET AMIS

L'art de vivre socialement avec un ascendant annuel Sagittaire
Le formidable potentiel de l'ascendant annuel Sagittaire pour développer du lien est sans conteste son rayonnement personnel. Vous attirerez tout naturellement les faveurs de personnes que vous ne connaissez pas, mais qui voudront vous aider malgré vous. En amitié, vous vous montrerez sélectif. Vous choisirez vos amis au compte-goutte, et n'hésiterez pas à les présenter à vos parents ou à vos proches. En famille, vous privilégierez les personnes plus âgées, qui ont de l'expérience et du vécu. Elles vous rassureront par leur sagesse et leur expérience.
Le revers de la médaille
Sous l'influence de l'ascendant annuel Sagittaire, vous risquez de refuser le dialogue ou de ne plus donner de nouvelles afin de vivre comme vous l'entendez sans avoir à vous justifier.

FORME ET BIEN-ÊTRE

L'art de vivre physiquement avec un ascendant annuel Sagittaire

La principale ressource de l'ascendant annuel Sagittaire pour se maintenir en forme est son appétence pour le sport. Au cours de ces douze mois, vous bénéficierez de belles énergies, serez plus actif, plus dynamique et plein d'entrain. Vous serez attiré par des sports de plein air (athlétisme, équitation, tir à l'arc, ski) ou par des activités en salle (squash, escalade, vélo), à moins que vous ne préfériez galoper dans la nature, faire de l'accrobranche ou de la course automobile. Par ailleurs, vous modifierez probablement votre manière de vous alimenter, en privilégiant des produits de qualité que vous mettrez en vedette dans des assiettes copieuses et bien garnies.

Le revers de la médaille

Sous l'influence de l'ascendant annuel Sagittaire, vous risquez d'avoir une alimentation trop riche, trop calorique, génératrice de problèmes gastro-intestinaux, de crises de foie ou de kilos superflus.

CULTURE ET LOISIRS

L'art de se distraire avec un ascendant annuel Sagittaire

Les passe-temps favoris de l'ascendant annuel Sagittaire sont liés à son esprit d'aventure et à sa soif de conquête. Au cours de ces douze mois, vous aurez envie de partir explorer le monde, de découvrir ses richesses et ses beautés, d'étudier d'anciennes civilisations, de rencontrer d'autres cultures afin de vous déraciner. Par ailleurs, vous vous intéresserez à la philosophie, à l'histoire, aux religions, à la spiritualité, au cosmos et vous sentirez attiré par des activités artistiques comme la peinture, le dessin ou ludiques comme les jeux de rôle ou de société.

Le revers de la médaille

Sous l'influence de l'ascendant annuel Sagittaire, vous ne manquerez ni d'idées ni d'idéaux, mais vous risquez de réfléchir trop longtemps à ce que vous allez faire plutôt qu'à ce vous ferez vraiment.

Période faste

La saison de l'automne, la préparation des fêtes et plus particulièrement les mois de novembre et de décembre,ainsi que le jour de la nouvelle lune en Sagittaire, idéale pour faire un vœu.

Période sous tension

La fin du printemps, ainsi que les deux ou trois jours qui précèdent la pleine lune en Sagittaire, en mai ou juin.

L'ASCENDANT ANNUEL CAPRICORNE

Avec un ascendant annuel Capricorne, vous allez vivre une année stratégique et instructive au cours de laquelle vous vous donnerez les moyens de vos ambitions.

Mots-clefs de l'ascendant annuel Capricorne

+	−
Profond – Réaliste – Directif Indépendant – Sérieux Structuré – Ambitieux – Patient Érudit – Stratège	Dur – Froid – Manipulateur Ennuyeux – Pessimiste

PROFIL PSYCHOLOGIQUE

L'art de vivre psychologiquement avec un ascendant annuel Capricorne

L'ascendant annuel Capricorne est un signe de la lignée Lune. À ce titre, vous vous montrerez prudent et circonspect dans votre manière de penser, de vous exprimer et de vous comporter au cours de cette année. Votre sens du commandement sera amplifié, et vous serez plus sérieux, plus sensé et plus réfléchi. Vous vous surprendrez à diriger votre entourage avec détermination et fermeté, initierez des projets sur le long terme et ambitionnerez un avenir sécurisant et prometteur. Sous l'égide de Saturne, la planète du Capricorne et de la durabilité, vous ferez du temps votre allié, élaborerez des stratégies prometteuses et saurez quoi dire, à qui, tout naturellement. Par ailleurs, vous serez irrésistiblement attiré par la tradition, l'histoire et l'amour du terroir.

Le revers de la médaille

Sous l'influence de l'ascendant annuel Capricorne, sérieux et responsable, vous risquez d'être dur, sévère, trop exigent envers vous-même et de vous montrer froid, insensible ou glacial avec les autres.

AMOUR

L'art de vivre sentimentalement avec un ascendant annuel Capricorne

Dans le Zodiaque amoureux, l'ascendant annuel Capricorne est plutôt cérébral. C'est sans doute pourquoi votre envie de plaire sera pondérée par des réflexions et votre pudeur exacerbée. Vous séduirez nonobstant par votre sérieux, vos valeurs, votre courtoisie, votre réalisme et votre respect de l'autre. Au cours de ces douze mois, votre fibre romanesque se teintera de prudence, de modération, d'interrogations, de circonspection. Vous chercherez à être en phase avec vos ambitions, exigerez des preuves d'amour, vous rendrez utile en cas de besoin. En solo, vous serez en quête d'une relation sérieuse pouvant déboucher sur des fiançailles et un mariage. En couple, vous vous projetterez à long terme et soutiendrez sans faillir votre moitié.

Le revers de la médaille

Sous l'influence de l'ascendant annuel Capricorne, vous risquez d'être inhibé par vos émotions, de ne pas suffisamment montrer vos sentiments et de passer pour une personne froide et distante.

ARGENT

L'art de vivre financièrement avec un ascendant annuel Capricorne

Au cours de ces douze mois, vous repenserez votre gestion de l'argent. Vous prendrez en main vos finances de manière raisonnable et cartésienne. Vous consulterez vos comptes régulièrement et les gérerez avec sérieux afin de consolider vos acquis. Par ailleurs, vous privilégierez les placements immobiliers. C'est sans doute pourquoi, vous pourriez acquérir une résidence principale ou investir dans un bien ou un terrain. Sous l'égide de l'ascendant annuel Capricorne, vous ferez preuve de sagesse et de stratégie. Vous deviendrez habile dans l'art de placer vos économies et d'épargner.

Le revers de la médaille

Sous l'influence de l'ascendant annuel Capricorne, votre gestion rigoureuse de l'argent pourrait vous amener à rogner sur tout, à faire des coupes drastiques, à économiser à tout bout de champ, ou pire, à devenir pingre.

VIE PROFESSIONNELLE

L'art de vivre professionnellement avec un ascendant annuel Capricorne

Le point fort de l'ascendant annuel Capricorne est sans nul doute son ambition. C'est sans doute pourquoi, au cours de cette année, vous ferez tout ce qu'il faut pour vous élever dans l'échelle sociale. Vous prendrez des cours pour vous améliorer ou ferez des stages pour obtenir un poste plus élevé. Le Capricorne étant un signe de Terre autoritaire et structuré, vous voudrez commander, diriger, ordonner et chercherez à vous imposer par votre sens des responsabilités, vos compétences et votre assiduité. Sous la houlette de Saturne, la planète du Capricorne et de la durabilité, vous miserez sur le long terme, fomenterez des stratégies gagnantes et attendrez patiemment que le temps pérennise vos actions en vous donnant raison.

Le revers de la médaille

Sous l'influence de l'ascendant annuel Capricorne, votre ambition et vos appétences risquent de vous porter préjudice en vous rendant impopulaire aux yeux des autres.

FAMILLE ET AMIS

L'art de vivre socialement avec un ascendant annuel Capricorne

Le grand potentiel de l'ascendant annuel Capricorne pour développer du lien est sans conteste son soutien indéfectible. C'est sans doute pourquoi, au cours de ces douze mois, vous renforcerez vos liens amicaux, prouverez que votre amitié n'est pas un vain mot, deviendrez plus solidaire et répondrez présent, aussi bien pour un heureux événement que dans l'adversité. En famille, vous prendrez davantage la direction des opérations. Vous lancerez des invitations, fixerez des dates pour vous réunir et vous assurerez que tout est sous contrôle.

Le revers de la médaille

Sous l'influence de l'ascendant annuel Capricorne, stratège et directif, vous risquez d'être qualifié de donneurs d'ordres, d'être surnommé « Mon général », ou pire, de voir vos petites manigances déjouées ou mises à nues.

FORME ET BIEN-ÊTRE

L'art de vivre physiquement avec un ascendant annuel Capricorne

La principale ressource de l'ascendant annuel Capricorne pour se maintenir en forme est sans conteste son sérieux. Au cours de ces douze mois, vous prendrez soin de vous et de votre corps. Vous bénéficierez d'une bonne résistance, d'un mental d'acier et vous serez attiré par des sports d'équipe dans lesquels vous convoiterez la place de capitaine (hockey sur gazon, rugby, football) ou participerez à des activités physiques de plein air (ski, randonnée, escalade). Par ailleurs, vous modifierez probablement votre manière de vous alimenter en privilégiant les produits du terroir ou labellisés, en vous fournissant sur les marchés, dans des épiceries fines, ou encore en arpentant les foires et les salons agricoles pour découvrir des spécialités locales.

Le revers de la médaille

Sous l'influence de l'ascendant annuel Capricorne, vous risquez de prendre la confiance et de ne pas suffisamment vous ménager, ou pire, de vous blesser pendant la pratique de vos activités sportives.

CULTURE ET LOISIRS

L'art de se distraire avec un ascendant annuel Capricorne

Le signe du Capricorne est un érudit qui a pour attribut de savoir de quoi il parle. Au cours de ces douze mois, votre sens de la tradition sera aiguisé et vos papilles rassasiées. Vous visiterez des salons agricoles ou gastronomiques en quêtes de nouvelles saveurs, afin de vous familiariser avec les produits du terroir. Vous participerez à des voyages culturels, visiterez des villes à l'architecture ouvragée et des lieux emprunts de légendes, de religion et d'histoire. Vous arpenterez les salles des musées, irez au théâtre, à l'opéra et au cinéma. Par ailleurs, vous approfondirez vos connaissances, lirez beaucoup et fréquenterez les bibliothèques.

Le revers de la médaille

Sous l'influence de l'ascendant annuel Capricorne, vous serez tellement dans l'exigence que vous risquez de devenir un brin trop tatillon, ou pire, passer pour un grincheux.

Période faste

La saison de l'hiver, la période des fêtes et plus particulièrement les mois de décembre et de janvier, ainsi que le jour de la nouvelle lune en Capricorne, idéale pour faire un vœu.

Période sous tension

Le début de l'été et le temps des vacances ainsi que les deux ou trois jours qui précèdent la pleine lune en Capricorne, en juin ou juillet.

L'ASCENDANT ANNUEL VERSEAU

Avec un ascendant annuel Verseau, vous allez vivre une année conviviale et insolite au cours de laquelle vous vous sentirez libre et indépendante.

Mots-clefs de l'ascendant annuel Verseau

+	−
Optimiste – Positif – Communicatif Amical – Sociable – Tolérant Cultivé – Conciliant – Subtil Inventif – Avant-gardiste	Laxiste – Excentrique Utopiste – Rebelle Imprévisible

PROFIL PSYCHOLOGIQUE

L'art de vivre psychologiquement avec un ascendant annuel Verseau

L'ascendant annuel Verseau est un signe de la lignée Soleil. À ce titre, vous positiverez votre manière de penser, de vous exprimer et de vous comporter au cours de ces douze prochains mois. Vous serez actif, positif et ferez preuve d'une grande liberté d'esprit assortie à un besoin vital d'indépendance. Vous verrez la vie de manière conceptuelle, réfléchirez vite, irez directement à l'essentiel, échafauderez des projets en un temps record et improviserez davantage vos journées. Par ailleurs, la chance sera à vos côtés et vous bénéficierez ponctuellement de passe-droits, de privilèges et de synchronicités.

Le revers de la médaille

Sous l'influence de l'ascendant annuel Verseau avant-gardiste et rebelle, vous risquez de vivre à mille à l'heure, de vous montrer impatient, pressé et de passer pour un original ou un excentrique aux yeux des autres.

AMOUR

L'art de vivre sentimentalement avec un ascendant annuel Verseau

Dans le Zodiaque amoureux, l'ascendant annuel Verseau est un cérébral. Au cours de ces douze mois, votre manière d'aimer pourrait vous dérouter. Vous serez davantage sujet aux coups de foudre, vivrez des aventures inédites dans des lieux insolites, chercherez à vous singulariser, à vous sentir différent, unique. Que ce soit avec votre partenaire de toujours, un amant régulier ou ponctuel, vous aurez envie de briser les tabous, de vivre l'instant présent. Par ailleurs, vous serez davantage séduit par une relation amoureuse en bonne intelligence basée sur le partage et la convivialité. En solo, vous privilégierez l'amitié amoureuse. En couple, vous revendiquerez votre liberté.

Le revers de la médaille

Sous l'influence de l'ascendant annuel Verseau, vous risquez de malmener l'équilibre de votre couple en voulant trop préserver votre indépendance et votre besoin vital de liberté.

ARGENT

L'art de vivre financièrement avec un ascendant annuel Verseau

Au cours de ces douze mois, vous revisiterez votre manière de penser à l'argent. Vous considérerez qu'il est important d'en avoir pour vivre, mais en gagner ne sera pas une priorité. Vous chercherez principalement à dépenser moins. Vous pourriez même devenir surdoué dans l'art de trouver des bons plans ou d'acheter à la baisse dans des lieux improbables, en bénéficiant de coups du sort inattendus ou de cadeaux tombés du ciel (argent trouvé par terre, remboursement inespéré...). Sous l'égide de l'ascendant annuel Verseau, votre budget dépenses pourrait s'amenuiser, vos besoins matériels s'amoindrir et vos factures diminuer. Par ailleurs, la tentation de gagner de l'argent facilement aux jeux d'argent ou aux paris sportifs vous caressera probablement l'esprit. Soyez à votre écoute et jouez plutôt à l'instinct.

Le revers de la médaille
Sous l'influence de l'ascendant annuel Verseau, vous risquez de vous montrer désinvolte, d'oublier de régler vos arriérés, de consulter régulièrement vos soldes bancaires ou de délaisser la gestion de vos comptes.

VIE PROFESSIONNELLE

L'art de vivre professionnellement avec un ascendant annuel Verseau
Le point fort de l'ascendant annuel Verseau est sans nul doute sa profusion d'idées et son esprit novateur. Au cours de ces douze mois, vous bénéficierez d'une curiosité accrue, d'une ingéniosité décuplée et d'une plus grande vitesse de travail. Vous développerez parallèlement des talents de visionnaire, fort utiles pour capter les tendances dans l'air du temps. Par ailleurs, vous serez très attaché à votre liberté et à votre autonomie. Vous ressentirez le besoin d'innover, de travailler à votre rythme, de faire davantage de télétravail. Vous deviendrez naturellement doué pour les relations publiques, communiquerez avec aisance, transmettrez votre savoir avec joie, partagerez des informations et vous tiendrez au courant des changements en cours ou à venir.
Le revers de la médaille
Sous l'influence de l'ascendant annuel Verseau original et ingénieux, vous serez inventif mais vous risquez d'avoir des idées trop en avance sur votre temps et de passer pour un illuminé ou un utopiste.

FAMILLE ET AMIS

L'art de vivre socialement avec un ascendant annuel Verseau
Dans le cercle zodiacal, l'ascendant annuel Verseau apporte une véritable touche de magie dans l'art de se faire des amis, des appuis et des relations. Au cours de cette année, vous aurez envie de sortir plus souvent, ferez des rencontres formidables, établirez de nouveaux contacts et élargirez votre relationnel. Vous développerez vos réseaux, saurez tout naturellement vous faire apprécier par vos abonnés et décuplerez leurs nombres. En famille, vous ferez acte de présence, assisterez aux fêtes et aux anniversaires, prévoirez des vacances originales pour votre tribu, veillerez à l'éducation de vos enfants.
Le revers de la médaille
Sous l'influence de l'ascendant annuel Verseau, vous risquez de vous éloigner de vos proches et de votre famille au regard de la manne de vos nouveaux amis et abonnés particulièrement chronophages.

FORME ET BIEN-ÊTRE

L'art de vivre physiquement avec un ascendant annuel Verseau
La principale ressource de l'ascendant annuel Verseau pour se maintenir en forme est sans nul doute sa modernité et son anticonformiste. C'est pourquoi, au cours de ces douze mois, vous serez attiré par des thérapies alternatives ou des pratiques innovantes comme l'autothérapie, l'acupuncture ou la médecine

traditionnelle chinoise. Vous pourriez même avoir envie de vous détoxifier en faisant une cure ayurvédique ou un jeûne, à moins que vous ne préfériez maintenir votre forme en douceur lors d'une séance de Qi Gong ou de Tai Chi. Par ailleurs, vous modifierez probablement votre manière de vous alimenter. Vous risquez de sauter des repas, de grignoter dès que vous aurez un creux ou de vous restaurer à n'importe quelle heure du jour ou de la nuit.

Le revers de la médaille

L'ascendant annuel Verseau dispose d'un bon système immunitaire, mais il est très actif mentalement et sujet au stress. Vous risquez de développer une certaine nervosité intérieure ou de mal réagir face à des contrariétés ou à de nouvelles thérapies.

CULTURE ET LOISIRS

L'art de se distraire avec un ascendant annuel Verseau

L'ascendant annuel Verseau est festif et convivial. C'est pourquoi vous chercherez au cours de ces douze mois à vous amuser, passer du bon temps et rire aux éclats. Vous privilégierez les sorties entre amis, irez au restaurant, au cinéma ou en boîte de nuit. Vous serez en quête de propositions originales ou de voyages inédits, d'escapades culturelles ou de départ à l'improviste vers un paradis exotique. Par ailleurs, vous développerez un penchant pour les sensations fortes (moto, saut en parachute, vol en montgolfière), les sports cérébraux (sudoku, casse-tête), les ouvrages de physique quantique ou les livres d'aventures dont vous êtes le héros.

Le revers de la médaille

Sous l'influence de l'ascendant annuel Verseau, vous aurez envie de traquer la routine, de sortir des sentiers battus, de vous confronter à l'inconnu. Vous risquez de passer à côté de choses simples ou de perdre de vue la réalité.

Période faste

La saison de l'hiver, le Nouvel An chinois et plus particulièrement les mois de janvier et de février, ainsi que le jour de la nouvelle lune en Verseau, idéale pour faire un vœu.

Période sous tension

Le milieu de l'été et les deux ou trois jours qui précèdent la pleine lune en Verseau, en juillet ou en août.

L'ASCENDANT ANNUEL POISSONS

Avec un ascendant annuel Poissons, vous allez vivre une année inspirante et festive au cours de laquelle vous serez à l'écoute des autres.

Mots-clefs de l'ascendant annuel Poissons

+	−
Intuitif – Doux – Attentionné Aimant – Calme – Psychologue Empathique – Créatif – Festif Fédérateur	Contradictoire – Mythomane Fuyant – Méfiant – Insaisissable

PROFIL PSYCHOLOGIQUE

L'art de vivre psychologiquement avec un ascendant annuel Poissons

L'ascendant annuel Poissons est un signe de la lignée Lune. À ce titre, vous aurez tendance à vous montrer sensible, compatissant et psychologue dans votre manière de penser, de vous exprimer et de vous comporter au cours de ces douze mois. Vous serez plus compétent pour exécuter, finaliser, achever. Vous pourrez faire plusieurs choses en même temps et deviendrez même polyvalent. Par ailleurs, vous bénéficierez d'une émotivité accrue, développerez un certain talent pour les arts, la musique et la dance. Vous vous intéresserez à l'occulte, au mysticisme ou à l'onirisme. Sous l'égide de Jupiter, la planète des Poissons, de l'expansion et des voyages, vous développerez votre spiritualité et ne concevrez pas la vie sans un déplacement ou un voyage à l'horizon.

Le revers de la médaille

Sous l'influence de l'ascendant annuel Poissons empathique, vous serez à l'écoute des autres mais vous risquez de tanguer entre rêve et réalité, ou pire, de les amalgamer ou les confondre.

AMOUR

L'art de vivre sentimentalement avec un ascendant annuel Poissons

Dans le Zodiaque amoureux, l'ascendant annuel Poissons est très romantique. Au cours de ces douze mois, vous idéaliserez vos sentiments, vous montrerez courtois, prévenant et charmerez votre monde par votre délicatesse et vos marques de tendresse. Par ailleurs, votre soif d'affection se manifestera de plus en plus souvent. Vous déborderez d'inspiration pour orchestrer votre vie amoureuse, imaginerez des scénarios romantiques, enverrez des mots doux par texto plusieurs fois par jour. En solo, vous ne supporterez pas vivre sans amour et renouerez avec un ex. En couple, vous aurez envie de partage, de sorties à deux et de dîners en amoureux.

Le revers de la médaille

Sous l'influence de l'ascendant annuel Poissons, vous ne pourrez pas vivre sans amour et vous risquez de multiplier les conquêtes et, à l'image des marins, d'avoir un amoureux ou une amoureuse dans chaque port.

ARGENT

L'art de vivre financièrement avec un ascendant annuel Poissons

Au cours de ces douze mois, votre rapport à l'argent sera modifié. Sous l'égide de l'ascendant annuel Poissons, vous serez plus préoccupé par vos états d'âme que par l'état de vos finances. C'est pourquoi vous serez avisé de prendre conseil auprès de personnes compétentes et sérieuses, afin de vous aider à gérer vos comptes, réclamer votre dû et épargner. Toutefois, vous bénéficierez d'une nature généreuse et bienveillante. Vous mettrez souvent la main au porte-monnaie, surtout s'il est plein. Par simple générosité, vous pourriez même régler l'addition de toute une tablée. Par ailleurs, la chance vous sourira de manière spectaculaire sous forme de gains conséquents à la loterie, de paris gagnants, de plus-values inattendues ou d'un bon retour sur investissement.

Le revers de la médaille

Sous l'influence de l'ascendant annuel Poissons, vous risquez d'avoir une vision peu réaliste de votre situation financière présente et d'être peu vigilant sur le montant de vos disponibilités et de vos avoirs.

VIE PROFESSIONNELLE

L'art de vivre professionnellement avec un ascendant annuel Poissons

Le point fort de cet ascendant est sans nul doute son sens de la psychologie et sa capacité à fédérer les énergies des autres. C'est sans doute pourquoi, au cours de cette année, vous réunirez autour de vous un grand nombre de compétences, mobiliserez vos effectifs, serez à leur écoute et leur insufflerez un bel esprit d'équipe. Par ailleurs, vous développerez de belles intuitions, des qualités artistiques certaines et une grande créativité. Vous pourriez même intervenir à point nommé pour parachever une négociation en cours ou asséner la dernière touche à un projet afin de le rendre opérationnel. Sous la houlette de Jupiter, la planète du Poissons, des voyages et de l'expansion, vous bénéficierez d'une grande mobilité et l'envie de vous expatrier, ou d'aller travailler à l'étranger, sera grande.

Le revers de la médaille

Sous l'influence de l'ascendant annuel Poissons, vous risquez de pas être suffisamment logique et concret dans votre manière de présenter vos projets ou vos arguments.

FAMILLE ET AMIS

L'art de vivre socialement avec un ascendant annuel Poissons

Le formidable potentiel de l'ascendant annuel Poissons pour développer du lien est sans conteste son écoute des autres. Considéré comme l'éponge psychique du Zodiaque, vous prêterez volontiers votre oreille compatissante et attentive à ce que l'on vous dit ou confie. En famille, vous serez aux anges et vous passerez des heures avec votre tribu. Vous vous impliquerez dans les études de vos enfants, la carrière de votre conjoint et ferez de votre mieux pour que tout le monde soit heureux. En amitié, vous serez recherché, aimé, adulé. Vous festoierez souvent et trouverez toujours un moment dans votre agenda pour voir vos amis et leur consacrer du temps.

Le revers de la médaille

Sous l'influence de l'ascendant annuel Poissons, vous risquez de ne pas suffisamment bien gérer vos imprévus et d'arriver en retard à vos rendez-vous, ou pire, de les oublier et de passer pour une personne peu fiable.

FORME ET BIEN-ÊTRE

L'art de vivre physiquement avec un ascendant annuel Poissons

La principale ressource de l'ascendant annuel Poissons pour se maintenir en forme est son intérêt pour la santé. Attendez-vous à en apprendre beaucoup sur ce sujet et à le mettre en pratique. Au cours de ces douze mois, vous chercherez à vous ressourcer ou à vous régénérer plus souvent. Vous pourriez même vous rendre dans une cure thermale ou dans un centre de thalassothérapie pour votre bien-être. À moins que vous ne préfériez pratiquer des sports nautiques (voile, paddle, plongée, snorkeling) ou des sports d'hiver (luge, hors-piste, patinage). Par ailleurs, vous modifierez probablement votre manière de vous alimenter en privilégiant les repas en famille et en introduisant des saveurs exotiques dans vos plats.

Le revers de la médaille

Sous l'influence de l'ascendant annuel Poissons, vous risquez de consommer davantage de boissons alcoolisées et d'être malade, ou encore de trop épicer vos plats et d'avoir des aigreurs d'estomac.

CULTURE ET LOISIRS

L'art de se distraire avec un ascendant annuel Poissons

Réjouissez-vous d'avoir un ascendant annuel Poissons et, surtout, apprêtez-vous à sortir souvent, à écouter de la musique, à jouer d'un instrument, à aller à des concerts, à passer vos nuits sur les pistes de danse ou encore à virevolter sur un air de tango ou de samba. Avec l'ascendant annuel Poissons, vous aurez besoin d'exutoires et ne pourrez imaginer vivre sans un voyage à l'horizon. Aussi, préparez-vous à faire vos bagages afin d'aller découvrir les beautés du monde, naviguer sur les océans, passer des heures à nager au milieu des coraux, des raies et des tortues ou à faire du snorkeling. Par ailleurs, vous serez irrésistiblement attiré par le mysticisme. Vous pourriez même vous intéresser à de nouvelles religions, découvrir d'autres manières de prier ou encore apprendre à méditer en pleine conscience.

Le revers de la médaille

Sous l'influence de l'ascendant annuel Poissons, à la fois rêveur et méditatif, vos projets de voyages ou autres risquent d'être retardés, de stagner, d'être reportés, ou pire, de ne pas aboutir.

Période faste

La saison de l'hiver, et plus particulièrement les mois de février et de mars, ainsi que le jour de la nouvelle lune en Poissons, idéale pour faire un vœu.

Période sous tension

La fin de l'été, la rentrée scolaire, ainsi que les deux ou trois jours qui précèdent la pleine lune en Poissons, en août ou septembre.

III
EXPÉRIMENTEZ VOS ASCENDANTS

« Au cours de votre vie,
vous allez faire l'expérience de
tous les ascendants annuels. »

LA TECHNIQUE PRÉDICTIVE

Dans les années 1980, j'ai élaboré une technique prédictive empirique, testée personnellement et dans mon entourage pendant plusieurs décennies, mettant en lumière l'influence des ascendants annuels sur les faits marquants d'une vie. Dans cet ouvrage, je vous transmets le fruit de mes recherches.

Cette technique prédictive s'appuie sur la relecture de vie à la lumière de vos ascendants. Elle requiert deux outils indispensables et complémentaires.

Un Carnet d'ascendants pour y noter chaque année depuis votre naissance, votre ascendant annuel, son influence, les événements les plus marquants, les domaines concernés et votre ressenti général.

Une Table des ascendants annuels afin de recenser tous vos ascendants annuels depuis votre naissance et bénéficier ainsi d'une vision globale et analytique.

LA RELECTURE DE VIE AVEC VOS ASCENDANTS

• La relecture de vie est une démarche hautement spirituelle, qui consiste à plonger dans les méandres de votre passé afin d'effectuer une recherche de sens.

• Cette introspection a pour objet de mettre en lumière les années les plus propices à votre développement personnel et celles qui le sont moins. Vos ascendants annuels deviendront ainsi une sorte de fil rouge pour vous aider à cheminer sur votre chemin de lumière et vous projeter dans l'avenir.

• Votre Carnet d'ascendants, une fois complété, vous apportera •un nouvel éclairage sur vous-même •activera peu à peu un état de vigilance intérieure en relation avec vos désirs •ce que vous voulez vraiment •ce que vous vivez •ce que vous avez vécu ou accompli.

• En complément du Carnet d'ascendant, la Table des ascendants annuels vous aidera à tous les recenser et à différencier d'un seul coup d'œil vos meilleures années des moins bonnes et les domaines concernés.

• L'association entre votre Carnet d'ascendants et votre Table des ascendants annuels vous permettra de faire le point sur votre vie passée afin de mieux comprendre votre vie présente et d'anticiper votre vie future. Aussi, pourquoi ne pas profiter de ce moment de recul, de ce condensé du passé, pour voir l'avenir

différemment et réenchanter votre vie?
Avec un peu d'habitude, en faisant quelques recoupements, en vous référant aux Identités cosmiques des signes et au décryptage de vos ascendants annuels, vous pourrez anticiper instinctivement votre avenir et savoir ce que demain vous réserve.

LE CARNET D'ASCENDANTS

Vous trouverez votre Carnet d'ascendants exclusivement dédié à votre usage personnel dans la boîte à outils (Partie 5).
Le Carnet d'ascendants se présente sous la forme d'un journal de bord destiné à vous accompagner tout au long de votre existence. Véritable confident et ami intime, il débute le jour de votre naissance et vous accompagne d'anniversaire en anniversaire.
Pour apprivoiser votre Carnet d'ascendants, commencez par la page d'accueil. Poursuivez par la page réservée à votre année de naissance, puis consacrez-vous à celles de vos anniversaires passés.

1. Complétez la page d'accueil

- Écrivez votre prénom ou votre pseudo.
- Notez vos coordonnées de naissance : jour, mois, année, heure, ville, pays.

EXEMPLE : ***Clarisse est née le 21 janvier 1990, à 13 h 44 à Royan, en France.***

2. Complétez la page de votre année de naissance

Cette page fait figure de fiche d'identité personnelle.

- Écrivez votre année de naissance.
- Notez votre signe solaire et votre ascendant.
- Consignez les événements majeurs de votre année de naissance comprise entre le jour de votre venue au monde et la veille de votre premier anniversaire.

- Le jour de votre naissance

Notez les informations concernant le lieu où vous êtes né (maternité, maison, piscine, taxi), votre venue au monde (rapide, lente, sous X, au cours d'un orage), un signe distinctif (grain de beauté, tâche de naissance), votre poids et votre taille.

- Votre famille

Notez les informations relatives à votre famille : lien de parenté, prénom, signe astrologique, ascendant, autre...

- *Votre lieu d'habitation*
Notez les informations en lien avec l'adresse, le style de construction, la déco de votre chambre, votre berceau.
Mentionnez vos animaux (chats, chiens), précisez leurs noms ou leurs races.

- *Les faits marquants*
Ajoutez les faits qui ont le plus marqué l'année de votre naissance (déplacement, lieu de vacances, voyage, anecdote, nom de votre nounou ou de votre doudou, cadeau, bijou, passeport, jouets, etc.), de préférence dans l'ordre chronologique, en précisant éventuellement le jour et/ou le mois.

EXEMPLE :

ANNÉE DE NAISSANCE
1990

SIGNE SOLAIRE & ASCENDANT NATAL
Verseau *Gémeaux*

Événements majeurs de l'année

Jour de votre naissance : *mon père m'a filmée.*
Poids : *3,5 kg* **- Taille :** *55 cm*

Votre famille :
Mon papa se prénomme Loïc. Il est Lion ascendant Balance.
Ma maman s'appelle Iseult. Elle est Poissons ascendant Lion.
Ma sœur aînée s'appelle Mathilda. Elle est Gémeaux ascendant Verseau, à l'inverse de moi.

Votre lieu d'habitation :
Ma maison natale se situait juste au bord de la mer.

Faits marquants :
En avril, j'ai été hospitalisée pendant trois jours.
Le 17 juin, mes parents ont emménagé dans une maison plus grande au 7 de la même rue.
En été, on est tous partis en Corse, dans la bergerie de l'oncle Charles.
En octobre, maman m'a surnommée Mimi car elle me trouvait mimi, ça m'est resté.
À Noël, j'ai eu mon premier lapin doudou et je l'ai encore.

3. Complétez les pages de vos anniversaires

Les pages d'anniversaires sont des aides efficaces et précieuses qui facilitent la relecture de vie en lien avec vos ascendants annuels.

• Commencez par la page de votre premier anniversaire ou par celle de votre choix.
• Pour votre dernier anniversaire, attendez que l'année se soit écoulée avant de renseigner cette page.

- Année de votre anniversaire

• Inscrivez l'année correspondant à votre âge.
• Vous pouvez d'ores et déjà noter toutes les années jusqu'à votre dernier anniversaire et même les années suivantes, puisque vous les connaissez.

- Période de votre année d'anniversaire

• Inscrivez la date de votre anniversaire et celle correspondant à la veille du suivant en mentionnant le jour, le mois et l'année.
• Vous pouvez noter toutes ces périodes pour les années à venir puisque vous les connaissez déjà.

- Ville de résidence du jour de votre anniversaire

• Inscrivez la ville et le pays où vous étiez le jour de votre anniversaire. Si vous avez oublié, laissez un blanc. Vous y reviendrez plus tard.
• Pour mémo, sans la ville, vous ne pouvez pas calculer votre ascendant annuel.
• Vous pouvez aussi noter, mais au crayon, la ville de résidence hypothétique et le pays lors du calcul d'un ascendant prévisionnel.

- Ascendant annuel

• Inscrivez, dès que vous l'aurez calculé, le signe de votre ascendant annuel.
• Vous pouvez aussi noter, mais au crayon, le signe de votre ascendant prévisionnel, lorsque vous l'aurez calculé.

- Événements majeurs de l'année

Afin de consigner les événements majeurs de tous vos anniversaires passés, inspirez-vous du rituel de relecture suivant, qui se déroule en 3 étapes successives, pour vous remémorer vos années d'anniversaire.

En ce qui concerne votre dernier anniversaire, attendez que l'année soit écoulée avant de faire votre rituel de relecture.

EXEMPLE :

Ascendant annuel
Scorpion

🎂 **30 ans**
Année *2021*

du *21/ 01/2021*
au *20/01/2022*

Ville de résidence du jour de mon anniversaire
Royan

Ressenti général de l'année avec cet ascendant annuel
★★★★☆

Identité cosmique de votre ascendant

Lignée	*Lune*
✓ Élément	*Eau*
Rôle	*Organisateur*
Planète	*Mars*
✓ Bienfait	*Combativité*
Saison	*Automne*
Nature	*Profonde*

Événements marquants
(notez uniquement les plus importants)

Je me suis fiancée avec Damien le 14 février. J'ai revu mon alimentation et je me suis sentie en pleine forme.

Influence psychologique
(précisez votre pensée)

J'étais plus émotive et très amoureuse, mais je me suis surtout sentie invincible. J'étais prête à relever tous les défis, même à accepter une bague.

Cochez les domaines concernés

- ○ Famille
- ○ Amis
- ✓ Amour
- ○ Études
- ○ Travail
- ○ Argent
- ✓ Forme
- ○ Sport
- ○ Loisirs

LE RITUEL DE RELECTURE

Étape 1 - Les événements marquants

- Commencez par choisir une année passée que vous souhaitez évoquer. *Par exemple : l'année de vos 30 ans.*
- Concentrez-vous.
- Fermez les yeux et visualisez les faits marquants qui se sont produits au cours de cette année. Attardez-vous sur des événements précis (année de votre mariage, naissance de votre premier enfant, nouvel emploi, voyage, victoire sportive).
- Notez uniquement les faits les plus importants dans votre Carnet d'ascendants en précisant la date. Pour vous en souvenir, remémorez-vous un âge précis. *Par exemple, à 9 ans vous avez gagné votre premier match de tennis ou à 18 ans, vous avez nagé avec les dauphins. Vous pouvez également ricocher d'un événement à l'autre. Par exemple, l'année où votre frère a eu des jumeaux, vous êtes parti au Canada.*

- Les domaines concernés

- Cochez le ou les domaines qui ont le plus marqué votre année :

Famille – Amis – Amour – Études – Travail – Argent – Forme – Sport – Loisirs

Étape 2 - L'identité cosmique de votre ascendant

- Précisez l'Identité cosmique de votre ascendant annuel : sa lignée, son élément, son rôle, sa planète et son bienfait, sa saison et sa nature. *Par exemple, pour un ascendant annuel Scorpion, inscrivez Lune à côté de sa lignée et Eau à côté de son élément, etc.*
- Cochez ce qui vous a le plus impacté dans son identité cosmique. *Par exemple, vous vous êtes senti plus combatif, cochez le Bienfait ; ou plus émotif, cochez l'élément Eau.*

- L'influence psychologique

- Analysez l'influence psychologique de votre ascendant annuel au cours de ces douze mois et précisez votre pensée en inscrivant la manière dont vous les avez vécus.

Étape 3 - Ressenti général de l'année avec cet ascendant annuel

- Fermez les yeux.
- Faites un ressenti général sur cette année en tenant compte de cet ascendant annuel.
- Exprimez votre ressenti en entourant 1 à 5 étoiles :

(☆) ☆ ☆ ☆ ☆ : année défavorable
(☆)(☆) ☆ ☆ ☆ : année peu favorable
(☆)(☆)(☆) ☆ ☆ : année neutre ou moyennement favorable
(☆)(☆)(☆)(☆) ☆ : année favorable
(☆)(☆)(☆)(☆)(☆) : année très favorable

ATTENTION !
Votre année d'anniversaire n'est pas une année calendaire.

Elle commence le jour de votre anniversaire et se termine la veille du suivant. Ce qui signifie qu'elle chevauche deux années civiles.

Selon votre mois d'anniversaire, l'année de référence pour évoquer les événements majeurs qui se sont déroulés n'est pas la même pour tout le monde. Tout dépend de la date de votre anniversaire.

- *Pour les personnes dont l'anniversaire est compris entre janvier et juin, référez-vous à l'année en cours.*
- *Pour les personnes dont l'anniversaire est compris entre juillet et août, référez-vous à la période de la rentrée scolaire.*
- *Pour les personnes dont l'anniversaire est compris entre septembre et décembre, référez-vous principalement à l'année suivante.*

AIDE-MÉMOIRE

Pour vous aider à vous rafraîchir la mémoire, voici une liste d'événements marquants et de recommandations de dates à prendre en compte, par domaines concernés.

1. Liste d'événements marquants

Voici une liste non exhaustive d'événements qui peuvent raviver votre mémoire. Ils sont classés par thème.

- **Amitiés :** prénom, signe, ascendant, type de rencontre
- **Amour :** prénom, rencontre, lieu, durée de la relation, voyage en amoureux, séparation, rupture, divorce
- **Appuis :** personnels, relationnels, professionnels, amicaux, familiaux
- **Cadeaux :** bijoux, vêtements, voiture, appartement, objets, tableau
- **Chance :** cadeau du Soleil, concours de circonstances, synchronicités, messages subliminaux, gain au jeu
- **Entourage :** voisins, commerçants, associations
- **Études et formations :** écoles, universités, examens, diplômes, stages, apprentissage des langues
- **Famille :** parents, fratrie, cousins, oncles, tantes, grands-parents, réunions, naissance, baptêmes, anniversaires, fiançailles, mariage, décès
- **Festivités :** vacances, fêtes de Noël, réveillon, 14 juillet

• **Finances :** placement, investissement, compte en banque, livret d'épargne, assurance vie, héritage, achats, dépenses, acquisitions
• **Juridique :** procès, plainte, divorce, emprisonnement
• **Lieu d'habitation :** adresse, aménagement, déménagement, colocation, maison de famille, dégâts des eaux, incendie, catastrophe naturelle
• **Loisirs :** lecture, télé, cinéma, séries, jeux, danse
• **Psychologie :** état d'esprit, humeurs, envies, addiction
• **Santé :** jeûne, maladie, accident, hospitalisation, opération, cicatrices, cure thermale, thalassothérapie
• **Sorties :** fête, concert, musée, théâtre, opéra, stade, cinéma
• **Sport :** journées découvertes, clubs, performances, compétitions, médailles, trophées
• **Travail :** stage, embauche, contrats, promotion, séminaires, voyages d'affaires, démission, licenciement, honneurs, récompenses
• **Voyages et déplacements :** train, bateau, avion, auto, moto, hélicoptère, montgolfière, voyage scolaire, d'agrément, culturel ou d'affaires, villes et pays visités, souvenirs, tour du monde, croisière
• **Toutes les premières fois :**
- Amour *(premier baiser, première relation sexuelle)*
- Travail *(premier boulot, premier contrat, premier licenciement)*
- Argent *(premier chèque, première carte de crédit, première ouverture de compte, première fois en rouge à la banque de France)*
- Loisirs *(premier film, premier livre, première danse, premier vélo)*
- Domicile *(première adresse, premier déménagement)*
- Voyage *(premier voyage, première croisière, premier tour du monde)*

2. Recommandation de dates à prendre en compte

Pour chaque domaine de la vie courante (Famille, Études, Formations, Amour, Vie professionnelle, Argent, Forme, Bien-être, Culture, Loisirs, Juridique), voici une liste de dates préconisées pour accompagner les événements marquants dans votre Carnet d'ascendants.

• **Famille :**
- Pour une naissance, inscrivez la date du jour de la naissance avec l'heure (celle du premier cri) ou celle notée sur le livret de famille.
- Pour des fiançailles, inscrivez le jour de la demande.
- Pour un mariage, inscrivez le jour du mariage civil.
- Pour un divorce, inscrivez le jour de la demande de divorce.
- Pour l'officialisation d'un divorce, inscrivez la date du jugement. Elle est inscrite dans le livret de famille.
- Pour une rupture, inscrivez le jour où vous l'avez annoncée.
- Pour un décès, inscrivez le jour de la mort.
- Pour une disparition ou une fugue, inscrivez le premier jour d'absence.

• **Amour :**
- Pour une rencontre, inscrivez le premier jour.
- Pour un premier baiser, inscrivez le premier jour.
- Pour un premier rapport, inscrivez le premier jour.
- Pour un cadeau de votre amoureux, inscrivez le jour où il vous l'a offert.
- Pour une sortie en amoureux, inscrivez le jour du rendez-vous.
- Pour un voyage en amoureux, inscrivez le jour du départ.
- Pour une rupture, inscrivez le jour de la séparation.
- Pour une réconciliation, inscrivez le jour des retrouvailles.

• **Études et formations :**
- Pour une nouvelle école, inscrivez le premier jour de cours.
- Pour un examen (Brevet, Bac), inscrivez le jour des résultats.
- Pour un stage, inscrivez le premier jour.

• **Vie professionnelle :**
- Pour un travail, inscrivez le jour où vous avez commencé.
- Pour un contrat de travail ou d'auteur, inscrivez le jour de la signature.
- Pour un licenciement, inscrivez le jour du départ.
- Pour la sortie d'un livre, disque ou album, inscrivez le jour de la publication.
- Pour un nouveau produit, inscrivez le jour du lancement.
- Pour une création de société ou d'association, notez le jour du dépôt des statuts.
- Pour des honneurs, inscrivez le jour où ils ont été officialisés.
- Pour une nomination, inscrivez le jour de l'investiture.

• **Argent :**
- Pour une ouverture de compte, inscrivez le jour de la signature.
- Pour un achat immobilier, inscrivez le jour de la signature chez le notaire.
- Pour un prêt ou un emprunt, inscrivez le jour de l'obtention.
- Pour une vente, inscrivez le jour de la cession.

• **Forme et bien-être :**
- Pour une activité sportive, inscrivez le jour de l'inscription.
- Pour une victoire sportive, inscrivez le jour de la remise du prix.
- Pour un régime, inscrivez le jour où vous l'avez commencé.
- Pour une maladie, inscrivez le jour du diagnostic.
- Pour un examen, inscrivez le jour du résultat.
- Pour une opération chirurgicale, inscrivez le jour de l'intervention.
- Pour un accident, inscrivez le jour où il s'est produit.

• **Culture et loisirs :**
- Pour un musée, inscrivez le jour de la visite.
- Pour un spectacle, inscrivez le jour où vous avez assisté à l'événement.
- Pour un voyage, inscrivez le jour du départ.

• **Juridique :**
- Pour un procès, inscrivez le jour du dépôt de plainte.
- Pour un recours, inscrivez le jour de la demande.
- Pour un contrat, inscrivez le jour de la signature.
- Pour un héritage, inscrivez le jour du décès du donateur.
- Pour un don, inscrivez le jour de l'encaissement.

Cette liste n'est pas exhaustive. Si vous souhaitez ajouter une date en relation avec un événement et que vous ne savez pas laquelle inscrire, n'hésitez pas à formuler une demande adressée à Joyce Duval sur le site de l'école du Zodiaque.

CALCULEZ VOS ASCENDANTS ANNUELS PASSÉS ET À VENIR

Pour calculer vos ascendants annuels, qu'ils soient passés ou à venir, utilisez un logiciel ou rendez-vous sur un site de calcul en ligne pour y établir une révolution solaire.

Cette série de calculs peut être plus ou moins rapide selon les logiciels utilisés et le nombre d'ascendants à calculer. Il est donc conseillé de les calculer dans l'ordre en commençant par votre premier anniversaire.

Munissez-vous de votre Carnet d'ascendants, où sont préalablement notées les villes de résidence de vos anniversaires passés, avant de commencer vos calculs. Vous gagnerez ainsi un temps précieux.

Notez au fur et à mesure dans votre Carnet d'ascendants vos ascendants annuels passés.

En ce qui concerne vos ascendants prévisionnels (ascendants à venir), inscrivez pour l'année du calcul utilisée, la ville où vous pensez être le jour de votre anniversaire et le signe de l'ascendant qui en est résulté au crayon effaçable.

SITE DE CALCUL CONSEILLÉ : ASTRO-SEEK

Voici un site ultra-rapide et gratuit, en plusieurs langues.
Le site est en anglais. Pour accéder au site en français, scrollez jusqu'en bas de la page d'accueil et cliquez sur le drapeau français. Pour une autre langue, cliquez sur le drapeau du pays.

- Lien du site : ***www.astro-seek.com***
  1. Cliquez sur « *Astrologie de prédiction* »
  2. Cliquez sur « *Révolution solaire* »

Cheminement sur le site

- **Étape 1**

Saisissez votre date de naissance, l'heure et la ville de naissance.

- **Étape 2**

Sous « Solaire-An », sélectionnez l'année du calcul de la révolution solaire qui vous intéresse.

- **Étape 3**

Sous « Ville actuelle », saisissez la ville de résidence du jour de votre anniversaire correspondant à l'année sélectionnée. Dès les premières lettres entrées, un choix de villes s'affiche dans un encadré, avec son pays et le degré de sa longitude (W ou E) et sa latitude (N ou S). Exemple : Paris, France, (48n51, 2e21). Cliquez sur la ville qui vous intéresse. *Lorsque vous ne trouvez pas le nom d'une ville, essayez avec sa version anglaise : « Valletta » pour La Valette, la capitale de Malte.*

- **Étape 4**

Cliquez sur « Calculer ».

Découvrez votre ascendant annuel

Deux modes de lecture sont proposés :

1. Lecture sur la carte du ciel. Les lettres ASC (pour ASCendant) désignent le glyphe du signe de votre ascendant annuel. Elles sont situées dans le cercle extérieur sur un épais trait noir qui n'est pas systématiquement placé à gauche. Pour le voir à gauche, cliquez sur « Solaire » uniquement.

2. Lecture dans l'encadré à droite de la carte du ciel. Les lettres **ASC** (pour ASCendant) sont situées sous « Maisons » (Placidus). Le glyphe bleu est celui de votre ascendant natal et le glyphe orange celui de votre ascendant annuel.

Calculez un nouvel ascendant annuel

Cliquez sur le texte « **Modifier les données de naissance** » situé en haut de la page, à côté du crayon penché. Il permet en un clic de revenir en arrière et de vous retrouver sur la page de calcul de votre précédente révolution solaire avec vos coordonnées natales déjà saisies.
Il ne vous reste plus qu'à conserver ou remplacer l'année de la révolution solaire et à garder ou sélectionner une nouvelle ville de résidence puis de cliquer sur « Calculer ».

RÉSUMÉ DES DONNÉES POUR CALCULER UN ASCENDANT ANNUEL OU PRÉVISIONNEL

- ***Vos coordonnées de naissance (date, heure, lieu)***
- ***L'année de la révolution solaire***
- ***La ville où vous étiez / serez le jour de votre anniversaire***

LA TABLE DES ASCENDANTS ANNUELS

Vous trouverez votre Table des ascendants annuels exclusivement dédiée à votre usage personnel dans la boîte à outils (Partie 5).

Description :

• La Table des ascendants annuels recueille tous vos ascendants (natal, annuels et prévisionnels) depuis votre naissance.

• La Table des ascendants annuels se présente sous la forme d'une grille quadrillée comprenant douze colonnes, une pour chaque ascendant et des cases pour accueillir vos années d'anniversaires.

• Les douze cases de la première ligne abritent chacune le signe d'un ascendant, dans l'ordre zodiacal du Bélier aux Poissons.

• Sous la Table des ascendants annuels se trouve un encadré vous permettant de coder la Table des ascendants annuels.

ORIGINE DE LA TABLE DES ASCENDANTS ANNUELS

• Combien de fois un ascendant annuel revient-il au cours d'une vie ?
• Combien de fois un ascendant annuel revient-il au cours d'une vie ?
• Y a-t-il des ascendants annuels plus fréquents que d'autres ?
• Y a-t-il des ascendants annuels que l'on n'a jamais ?
• Certains ascendants reviennent-ils périodiquement ?
Suivent-ils des cycles ?

Je me suis intéressée à ces questions et j'y ai répondu en créant la Table des ascendants annuels. J'ai ainsi pu avoir une vision globale de tous mes ascendants passés, en cours et à venir, repérer ceux qui étaient identiques à mon signe solaire ou à mon ascendant natal, leurs fréquences (je n'ai eu que deux fois l'ascendant annuel Poissons au cours de ma vie) et leurs cycles.

Chaque année, je codais la grille en m'inspirant de mon ressenti général et des domaines qui l'avaient marquée. Je pouvais ainsi la consulter pour savoir d'un seul coup d'œil, quel ascendant annuel m'avait favorisé et dans quel domaine, celui dont je devais me méfier ou encore celui que j'allais avoir pour mon prochain anniversaire.

MODE D'EMPLOI

Prenez votre Carnet d'ascendants et reportez dans la Table des ascendants annuels, votre ascendant natal et tous vos ascendants annuels passés, en cours et prévisionnels, dans l'ordre chronologique.

1. Inscrivez l'année de votre ascendant natal.

Notez l'année de votre naissance sur la première ligne, dans la case correspondant au signe de votre ascendant natal.

EXEMPLE : ***Clarisse est ascendant Gémeaux. Elle inscrit 1990, son année de naissance, sur la première ligne de la colonne Gémeaux.***

2. Inscrivez les années de tous vos ascendants annuels passés.

Notez sur la même ligne, ou à la ligne suivante, l'année de votre premier ascendant annuel, puis toutes les années suivantes jusqu'à celle de votre dernier anniversaire.

EXEMPLE : ***Clarisse reporte l'une après l'autre toutes les années de ses ascendants annuels de 1991 à 2025 : Elle inscrit 1991 dans la colonne Lion, 1992 dans la colonne Balance, puis 1993 dans la colonne Capricorne. Puis elle va à la ligne pour inscrire 1994 dans la colonne Taureau. Et ainsi de suite jusqu'en 2025 l'année de son dernier anniversaire.***

3. Inscrivez vos ascendants prévisionnels.

Vous pouvez également noter tous les ascendants prévisionnels que vous souhaitez. Il est toutefois recommandé de les inscrire au crayon noir ou au stylo effaçable, car ils sont susceptibles d'être modifiés.

EXEMPLE : ***Clarisse a calculé ses ascendants prévisionnels jusqu'en 2030 et les a notés dans la Table des ascendants annuels au crayon noir afin de pouvoir les effacer.***
2026 dans la colonne Capricorne, 2027 dans la colonne Taureau, 2028 dans la colonne Lion, 2029 dans la colonne Balance et 2030 dans la colonne Sagittaire.

CODAGE DE LA TABLE DES ASCENDANTS

Utilisez votre Carnet d'ascendants pour coder votre Table des ascendants annuels à l'identique, en reprenant pour chaque année, votre ressenti général et les domaines qui ont le plus marqué votre année.

1. Codage de votre signe solaire et de votre ascendant natal

Sur la Table des ascendants annuels :
- Dessinez un soleil au-dessus de votre signe solaire de naissance.
- Inscrivez les trois lettres ASC au-dessus de votre ascendant natal.

2. Codage de votre ressenti général

Mettez le signe **+** dans la case d'une année favorable ou très favorable.
Ajoutez le signe **–** lorsque l'année est défavorable ou peu favorable.
Ne mettez rien lorsque l'année est peu ou moyennement favorable.

3. Codage des domaines concernés

Dans les cases codées **+** ou **-** dessinez le pictogramme correspondant au domaine concerné.

Famille – Amis – Amour – Études – Travail – Argent – Forme – Sport – Loisirs

EXEMPLE : *Clarisse code sa Table des ascendants annuels à l'identique de son Carnet d'ascendants.*

Elle commence par dessiner un soleil au-dessus du Verseau, son signe solaire, et écrit les lettres ASC au-dessus du Gémeaux, son ascendant natal.

L'année 2025 ayant été favorable pour l'amour et pour la forme, elle note le signe + et ajoute ♡ et [lotus] dans la case 2025.

Ainsi, en regardant la Table des ascendants annuels, elle sait aussitôt que 2025 a été une bonne année pour l'amour et la forme.

La Table des ascendants annuels de Clarisse de 1990 à 2030

♈ Bélier	♉ Taureau	ASC ♊ Gémeaux	♋ Cancer	♌ Lion	♍ Vierge	♎ Balance	♏ Scorpion	♐ Sagittaire	♑ Capricorne	☉ ♒ Verseau	♓ Poissons
		1990		*1991*		*1992*			*1993*		
	1994			*1995*		*1996*		*1997*			
	1998			*1999*		*2000*		*2001*			*2006*
2002			*2003*			*2004*		*2005*			*2010*
			2007		*2008*			*2009*		*2014*	
			2011		*2012*		*2013*			*2018*	
			2015		*2016*		*2017*				
		2019			*2020*		*2021*		*2022*		
		2023		*2024*			***2025 +*** ♡ (Amour) (Forme)		*2026*		
	2027			*2028*		*2029*		*2030*			

(+) Année favorable (−) Année moins favorable

Famille – Amis – Amour – Études – Travail – Argent – Forme – Sport – Loisirs

LECTURE RAPIDE

La Table des ascendants annuels permet une lecture rapide, et procure de nombreux avantages.
–Vous pouvez la consulter tout à loisir pour faire un point sur votre vie, regarder le signe de votre prochain ascendant ou l'actualiser une fois par an.
–Vous pouvez également l'analyser en vous posant les bonnes questions. Bientôt, vos ascendants annuels n'auront plus de secrets pour vous.

Questions à vous poser en regardant la Table des ascendants annuels

- Combien de fois ai-je eu un ascendant annuel identique à mon signe solaire ?
- Combien de fois mon ascendant natal est-il revenu ?
- Quel ascendant favorise le plus ma vie sentimentale ?
- Quel ascendant favorise les plus mes voyages et mes loisirs ?
- Quel ascendant favorise le plus mes études ou ma vie professionnelle ?
- Quel ascendant favorise le plus mes finances ?
- Quel ascendant favorise le plus ma vie de famille ou ma vie sociale ?
- Quel ascendant ai-je eu quand je suis tombée enceinte ou quand j'ai accouché ?
- Quel ascendant m'est le plus favorable, en général ?
- Quel ascendant m'est le moins favorable et dans quel domaine de ma vie ?
- Quelle lignée m'est la plus favorable ?
- Quel élément m'est le plus favorable ?
- Quel rôle m'est le plus favorable ?
- Quelle saison m'est la plus favorable ?
- Ai-je des cycles d'ascendants ?
- Mes ascendants prévisionnels me conviennent-ils ?

EXEMPLE : *Clarisse est émerveillée par tout ce qu'elle vient d'apprendre sur elle, sur sa vie passée, sur l'influence de ses ascendants annuels et prévisionnels. En faisant une lecture rapide, elle remarque qu'elle n'a eu qu'une fois l'ascendant Bélier mais que, si elle veut se marier, mieux vaut attendre 2029, où elle aura un ascendant Balance. Elle pourrait même partir en voyage de noces, l'année suivante, en 2030, sous les auspices de l'ascendant annuel Sagittaire, le signe des voyages.*

Avantages de la lecture rapide

Voici une liste d'avantages que procure la lecture rapide de la Table des ascendants annuels.

1er avantage : vous visualisez d'un seul regard, de manière claire et précise, l'ensemble de tous vos ascendants annuels passés, présents ou prévisionnels.

2e avantage : vous pouvez immédiatement différencier les bonnes années des moins bonnes et les domaines concernés.

3e avantage : vous voyez immédiatement les ascendants les plus rares et les plus fréquents, ceux qui sont similaires à votre signe astrologique de naissance ou à votre ascendant natal.

4e avantage : en actualisant chaque année votre Table des ascendants annuels, vous suivez l'évolution de votre vie à travers le prisme de vos ascendants.

5e avantage : vous pouvez repérer des cycles d'ascendants passés ou à venir, mesurer la fréquence de leurs rotations, les analyser grâce à leur Identité cosmique et comprendre leur portée.

6e avantage : vous pouvez noter vos ascendants prévisionnels et savoir à l'avance lequel vous aurez l'année prochaine et les suivantes pour mieux vous projeter dans l'avenir.

7e avantage : lorsqu'un ascendant prévisionnel ne vous convient pas, vous pouvez en changer et le remplacer par un autre qui vous plaît davantage.

LES CYCLES D'ASCENDANTS

Seules les personnes qui ont l'habitude de fêter chaque année leur anniversaire au même endroit, dans une ville proche de ce lieu ou sur la même longitude (peu importe la distance), ont des cycles d'ascendants.

Les cycles d'ascendants sont composés d'ascendants récurrents qui reviennent tous les quatre ans pendant une décennie environ. Ils sont facilement repérables sur la Table des ascendants annuels car ils se suivent dans une même colonne.

L'avantage d'avoir des cycles d'ascendants peut s'avérer utile pour compléter de manière logique des années manquantes dans la Table des ascendants annuels. Du fait de leur répétitivité, il est aisé de placer une année manquante.

Ils sont également extrêmement instructifs pour savoir à l'avance ce que l'avenir vous réserve à court terme, du fait de leur répétitivité qui peut être rassurante ou au contraire redondante.

IV
CHANGEZ D'ASCENDANT POUR CHANGER DE VIE

« Choisir en pleine conscience son ascendant annuel, c'est influencer son année à venir en changeant de ville d'anniversaire. »

ASTROLOGIE : DÉTERMINISME OU LIBRE ARBITRE ?

De tout temps, les adversaires de l'astrologie, ecclésiastes et scientifiques en tête, ont tenté de la discréditer en arguant de son déterminisme comme d'un fléau. Maintes fois, ils l'ont dénigrée et vilipendée pour cette raison.

À l'aube de l'ère du Verseau, il est temps de nous interroger à nouveau sur la place que tient le déterminisme dans l'astrologie.

Notre vie est-elle incontestablement tracée à l'avance ? N'y a-t-il aucune échappatoire à notre destin ? Doit-on subir sa vie sans rien pouvoir faire ?

Aujourd'hui, plus que jamais, ce repère temporel ancestral qu'est l'astrologie contrecarre les reproches passés et rouvre le débat sur la place du libre arbitre.

À la question : changer d'ascendants annuels permet-il de changer de vie ? La réponse est oui. Alors, *bye-bye*, le déterminisme subordonnant la volonté humaine et vive le libre arbitre ! En allant fêter votre anniversaire dans un lieu stratégique délibérément choisi par vous, vous détiendrez le pouvoir de changer votre ascendant annuel et d'influer sur les douze mois à venir.

Cette perspective peu connue mais alléchante offerte par l'astrologie interpelle et ouvre un champ de possibilités immenses à expérimenter. Dans ce chapitre, nous vous invitons à réfléchir à vos priorités de vie et à l'ascendant annuel qui vous aidera le mieux à les atteindre.

QUEL ASCENDANT ANNUEL CHOISIR ?

Changer d'ascendant ne se résume pas à un simple calcul. Cela implique de faire vos valises et d'aller fêter votre anniversaire dans une autre ville, plus ou moins éloignée de votre lieu de résidence.
Pour changer d'ascendant, trois alternatives s'offrent à vous.

1. Vous savez déjà quel ascendant annuel vous voulez.

Il ne vous reste plus qu'à trouver une ville attrayante et vous y rendre pour souffler vos bougies, le jour J.

2. Vous hésitez entre conserver votre ascendant prévisionnel et le changer.

L'idée de vous délocaliser pour changer d'ascendant mérite réflexion. Il n'est pas toujours facile de s'absenter, de poser des jours de congé, de réunir un budget voyage, de trouver quelqu'un pour vous accompagner ou chez qui aller ou encore de trouver une destination qui vous plaît ou qui ne soit pas trop éloignée de votre domicile. Pour toutes ces raisons, conserver son ascendant prévisionnel peut s'avérer une bonne option. Vous devrez juste accepter en pleine conscience ce qu'il vous réserve et vous y préparer. Vous pouvez aussi décider que, pour des raisons personnelles ou stratégiques, vous désirez en changer. Le choix vous incombe.

3. Vous ne savez pas encore quel ascendant annuel choisir.

À l'heure du choix, une stratégie d'ascendants s'impose pour vous aider à sélectionner le meilleur ascendant annuel.

VOTRE STRATÉGIE D'ASCENDANTS

Voici une approche tactique et méthodique pour orienter votre réflexion et opérer un changement d'ascendant. Posez-vous les questions suivantes pour définir le meilleur ascendant pour vous.

- Voulez-vous le même ascendant que votre signe solaire pour être à 100 % en osmose avec vous-même ?
- Préférez-vous un ascendant annuel identique à votre ascendant natal pour renforcer la tendance et retrouver votre base de naissance ?
- Souhaitez-vous un ascendant annuel de la même lignée que votre signe solaire pour être davantage en accord avec vous-même ?
- Recherchez-vous un ascendant annuel d'une lignée différente de celle de votre signe solaire, afin d'explorer de nouvelles facettes de votre personnalité ?
- Désirez-vous un ascendant annuel d'un élément particulier pour être plus chaleureux (Feu), plus flexible (Air), plus réaliste (Terre) ou plus sensible (Eau) ?
- Ambitionnez-vous un ascendant annuel Chef, Organisateur ou Réalisateur pour vous épauler au cours des douze prochains mois ?
- Êtes-vous attiré par un ascendant annuel appartenant à l'une des quatre saisons afin de bénéficier d'une nature plus joyeuse (Printemps), plus tranquille (Été), plus profonde (Automne) ou plus patiente (Hiver) ?
- Avez-vous un projet de vie qui vous tient particulièrement à cœur ? Dans ce cas, mieux vaut vous tourner vers les planètes et bénéficier de leurs bienfaits ou de leurs domaines de prédilection (études, famille, amour, mariage, chance, richesse, succès, honneurs).

Prenez votre temps avant de vous décider, ou commencez dès à présent à vous préparer psychologiquement à faire vos valises vers une destination enthousiasmante.

QUELLE VILLE CHOISIR ?

Deux possibilités s'offrent à vous :

• Vous pouvez effectuer une Recherche express lorsque vous ne savez ni quel ascendant, ni quelle ville choisir.

• Vous pouvez faire une recherche de destinations avec la carte du monde zodiacale pour changer d'ascendant annuel.

UNE AFFAIRE DE GÉOLOCALISATION

La géolocalisation d'une ville ou d'un lieu tient compte de deux paramètres : sa latitude et sa longitude, exprimées en degré.

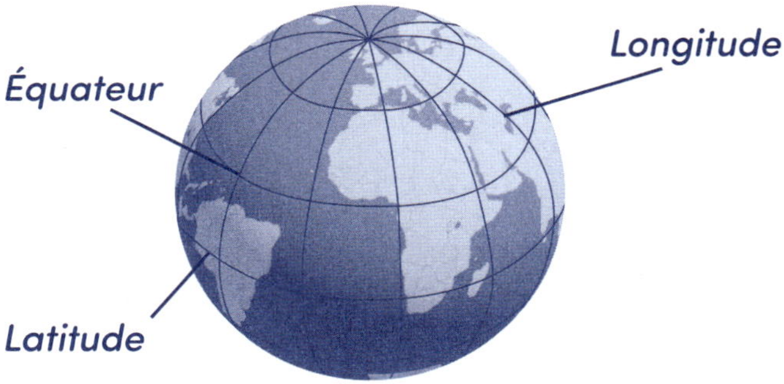

La latitude d'une ville

La latitude d'une ville est une ligne horizontale parallèle à l'équateur d'où son nom « parallèle ». Elle s'exprime en degrés Nord (**N**) ou Sud (**S**), compris entre **0°** et **90°**.
exemple : le 60e parallèle.

• Toutes les villes situées sur le cercle équatorial ont une latitude de **0°**.
exemple : la ville de Quito (Pérou), située sur l'équateur, a une latitude 0°.

• Toutes les villes situées au-dessus de l'équateur ont une latitude comprise entre **0° et 90° Nord**.
exemple : la ville de Paris (France), située au-dessus de l'équateur, a une latitude 45°N.

• Toutes les villes situées au-dessous de l'équateur ont une latitude comprise entre **0° et 90° Sud**.
exemple : la ville de Rio de Janeiro (Brésil), située sous l'équateur, a une latitude 22°S.

La longitude d'une ville

• La longitude d'un lieu est une ligne verticale reliant deux pôles dénommés « méridien ».

• La longitude d'un lieu s'exprime en degrés Ouest et Est, compris entre **0°** et **180°**. Les degrés Ouest sont identifiés par le signe **–** ou l'initiale **O** et les degrés Est par le signe **+** ou l'initiale **E**. En anglais, West **(W)** pour Ouest et East **(E)** pour Est.

• Toutes les villes de longitude **0°** sont situées sur le méridien de Greenwich. Depuis 1884, ce méridien est considéré comme le méridien zéro.
exemple : en France, Villers-sur-Mer (Calvados) est sur le méridien de Greenwich à 0°.

• Toutes les villes situées à droite du méridien de Greenwich ont une longitude Est comprise entre **0°** et **+ 180°**.
exemple : la ville de Paris, située à droite de Greenwich, a une longitude de +2° ou 2°E.

• Toutes les villes situées à gauche du méridien de Greenwich ont une longitude Ouest comprise entre **0°** et **– 180°** Ouest.
exemple : la ville de Rio de Janeiro (Brésil), située à gauche de Greenwich, a une longitude de -43° ou 43°O.

LIENS GRATUITS POUR GÉOLOCALISER UNE VILLE

- Google Maps : *https://www.coordonnees-gps.fr/*
Ce lien GPS permet d'affiner les recherches de villes.
- Les 360 Méridiens : *https://fr.wikipedia.org/wiki/Listedesmeridiens*
Ce lien donne accès à toutes les villes situées sur un même méridien.

À titre d'exemple, voici une liste de villes avec leurs longitudes.

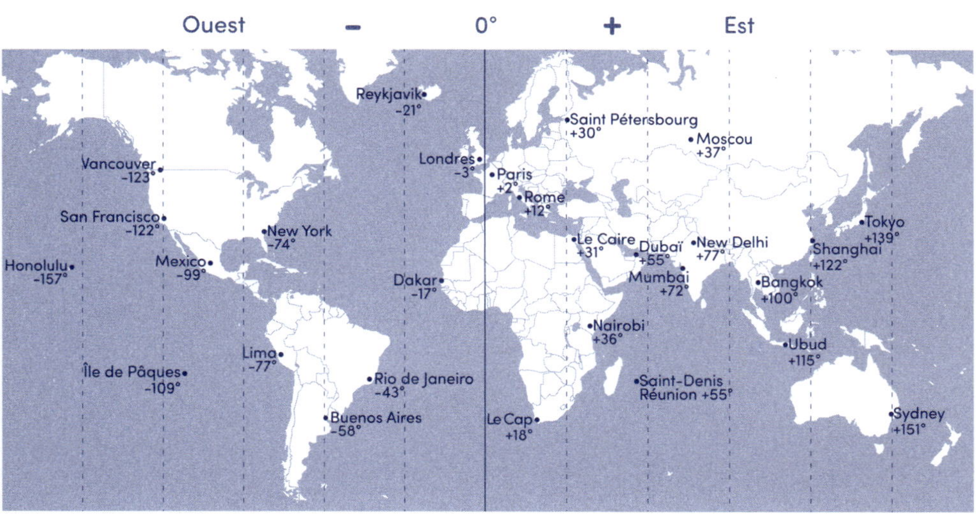

RECHERCHE EXPRESS

CHOISISSEZ UNE VILLE ET UNE ANNÉE

CALCULEZ VOTRE ASCENDANT ANNUEL

COMMENT PROCÉDER ?

1. Allez sur le site *Astro-Seek*. Ouvrez la page de la révolution solaire.

2. Saisissez vos coordonnées natales.

3. Entrez l'année de la révolution solaire (celle de votre choix).

4. Saisissez une ville (celle de votre choix). Il peut s'agir de votre ville de résidence, de naissance, d'une ville que vous connaissez ou que vous aimeriez découvrir.

5. Cliquez sur « Calculer ».

6. Découvrez votre ascendant annuel.

7. Notez-les sur une feuille de papier libre ou sur la Feuille de changements d'ascendants qui se trouve dans la Boîte à outils en Partie 5.

EXEMPLE : ***Clarisse aimerait fêter son anniversaire à Louxor (Égypte), en 2026 et se demande quel ascendant annuel elle aura.***
Elle est née le 21 janvier 1990,à 13 h 44, à Royan (France).

VILLE ET ANNÉE CHOISIES
Louxor - 2026

ASCENDANT ANNUEL
Poissons

RECHERCHE AVEC LA CARTE DU MONDE ZODIACALE

La carte du monde zodiacale a été conçue par Joyce Duval pour vous aider à géolocaliser une ville correspondant à l'ascendant annuel de votre choix.

Vous trouverez dans cet ouvrage douze cartes du monde zodiacales pour faciliter vos recherches et en bonus, une carte du monde zodiacale plus détaillée, encartée à la fin du livre.

Présentation de la carte du monde zodiacale

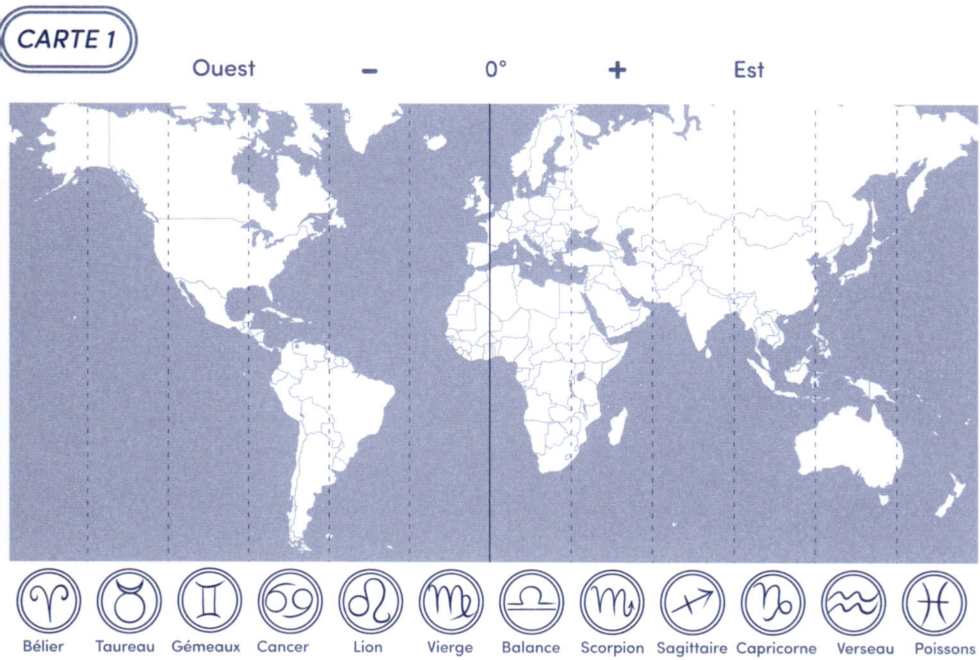

Légende : chaque signe égale 30°.

• La carte du monde zodiacale représente l'ensemble des pays du monde.

• Elle est divisée en deux parties : une partie Ouest et une partie Est situées de part et d'autre du méridien de Greenwich qui se trouve à 0°.

• La distance entre deux méridiens est de 111 km à l'équateur, de 85 km à une latitude de 40°N ou 40°S, et de 0 km aux pôles. Pour vous faire une idée, Paris a une latitude de 48° N.

• La réglette placée sous la carte du monde zodiacale est composée de douze cercles contenant chacun le signe et le glyphe d'un ascendant.

• La moitié des ascendants se trouve dans la partie Ouest du monde et l'autre moitié dans la partie Est.

CE QUE VOUS DEVEZ SAVOIR

• Toutes les villes et pays situés au-dessus d'un même ascendant sont quasiment de cet ascendant.

• Chaque ascendant occupe 30° compris entre 0° et 29°59'. Plus le nombre de degrés séparant deux ascendants est infime, plus l'ascendant suivant ou précédent est proche. Par exemple : un ascendant Lion à 28° est à 2° de la Vierge, l'ascendant suivant.

• Plus l'ascendant annuel que vous désirez est éloigné de votre ascendant annuel prévisionnel, plus vous devrez vous éloigner géographiquement.

• Les ascendants proches des extrémités de la carte du monde se décalent parfois d'un signe.

• La tentation d'amalgamer les 360° des méridiens aux 360° du cercle zodiacal réunissant les douze ascendants est grande, mais non avenue. Seul un calcul de révolution solaire permet de connaître l'ascendant correspondant à une ville.

COMMENT PROCÉDER ?

Étape 1 - Calculez votre ascendant annuel prévisionnel

L'ascendant prévisionnel est une donnée indispensable pour changer d'ascendant.

• **Vous connaissez votre ascendant prévisionnel.**
Notez-le avec l'année et la ville de la révolution solaire qui a servi au calcul sur la Feuille de changements d'ascendants.

• **Vous ne connaissez pas votre ascendant prévisionnel.**
Rendez-vous sur le site *Astro-Seek* et faites un calcul de révolution solaire pour l'année et la ville de votre choix (n'importe laquelle) afin d'identifier votre ascendant prévisionnel.

EXEMPLE : ***Jules est né le 30 août 2002, à 8 h 20, à Ajaccio, en France et vit actuellement à Florence, en Italie. Il a très envie d'avoir un ascendant annuel Bélier, en 2026.***
Il fait un calcul de révolution solaire afin d'identifier son ascendant prévisionnel s'il reste à Florence, puis remplit la Feuille de changements d'ascendants.

Feuille de changements d'ascendants

Année de la révolution solaire	*Villes sélectionnées pour le calcul de la révolution solaire*	*Ascendants annuels prévisionnels*
2026	Florence	Cancer 29°

Étape 2 - Sélectionnez votre carte du monde zodiacale

Cherchez la carte du monde zodiacale où la ville (celle qui a servi au calcul de la révolution solaire) et votre ascendant prévisionnel sont alignés.

EXEMPLE : ***Jules cherche parmi les 12 cartes du monde zodiacale celle où la ville de Florence et l'ascendant Cancer sont alignés. Il trouve la carte 10.***

Étape 3 - Choisissez votre destination

- Regardez les pays et les villes qui se trouvent au-dessus de chaque ascendant.
- Choisissez une des villes situées au-dessus de l'ascendant de votre choix.

EXEMPLE : *Jules veut un ascendant Bélier. Il regarde les pays situés au-dessus de l'ascendant Bélier et remarque les États-Unis. Il pense immédiatement à New-York.*

CARTE 10

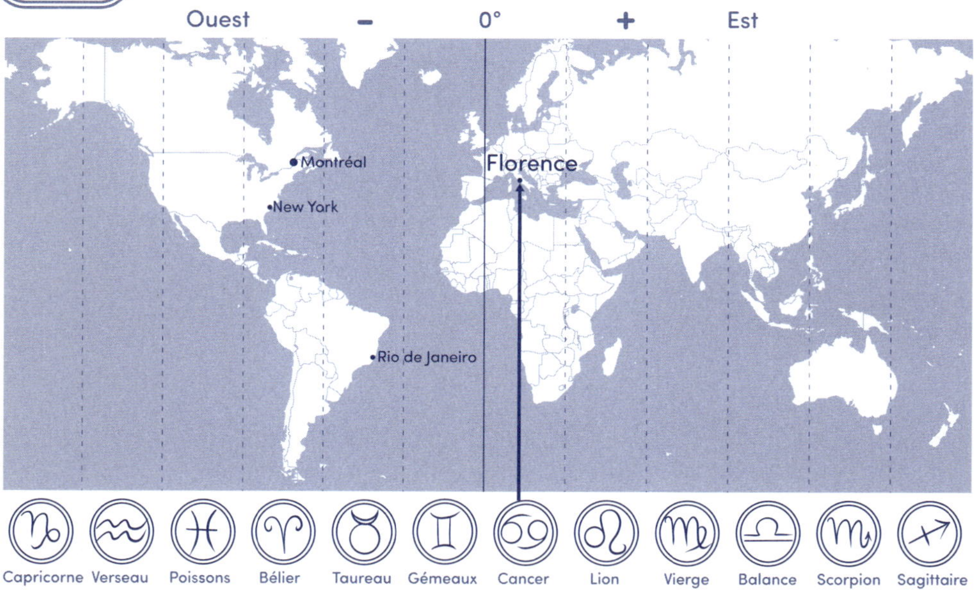

Étape 4 - Assurez-vous d'avoir choisi la bonne destination

Vérifiez que la ville choisie correspond bien à l'ascendant que vous désirez en faisant un calcul de révolution solaire, puis reportez vos recherches sur la Feuille de changements d'ascendants.

EXEMPLE : *Jules vérifie qu'il aura bien un ascendant Bélier s'il va à New York en faisant un calcul de révolution solaire pour cette destination. Son instinct ne l'avait pas trompé. Mais il ne s'arrête pas là et essaye avec Montréal, puis avec Rio de Janeiro. À chaque fois, il note la ville et l'ascendant sur la Feuille de changements d'ascendants avec les degrés.*

Étape 5 - Choisissez la ville où vous voulez partir

Faites votre choix parmi les villes que vous avez sélectionnées et validées.

Feuille de changements d'ascendants

Année de la révolution solaire	*Villes sélectionnées pour le calcul de la révolution solaire*	*Ascendants annuels prévisionnels*
2026	*Florence*	*Cancer 29°*
2026	*New York*	*Bélier 25°*
2026	*Montréal*	*Bélier 29°*
2026	*Rio de Janeiro*	*Taureau 11°*

CONCLUSION : *Jules décide de partir à Montréal pour fêter ses 24 ans avec ses amis canadiens. Il a choisi l'ascendant annuel Bélier de manière stratégique car il a envie de nouveauté dans sa vie. Il a hâte d'expérimenter cet ascendant et de voir ce qu'il lui réserve.*

CONSEIL DE L'AUTEURE

Il est conseillé d'arriver sur votre lieu de villégiature la veille et de rester au moins 48 h après votre arrivée. L'idéal étant d'envisager un séjour de 3 jours minimum.

LES 12 CARTES DU MONDE ZODIACALES

CARTE 1

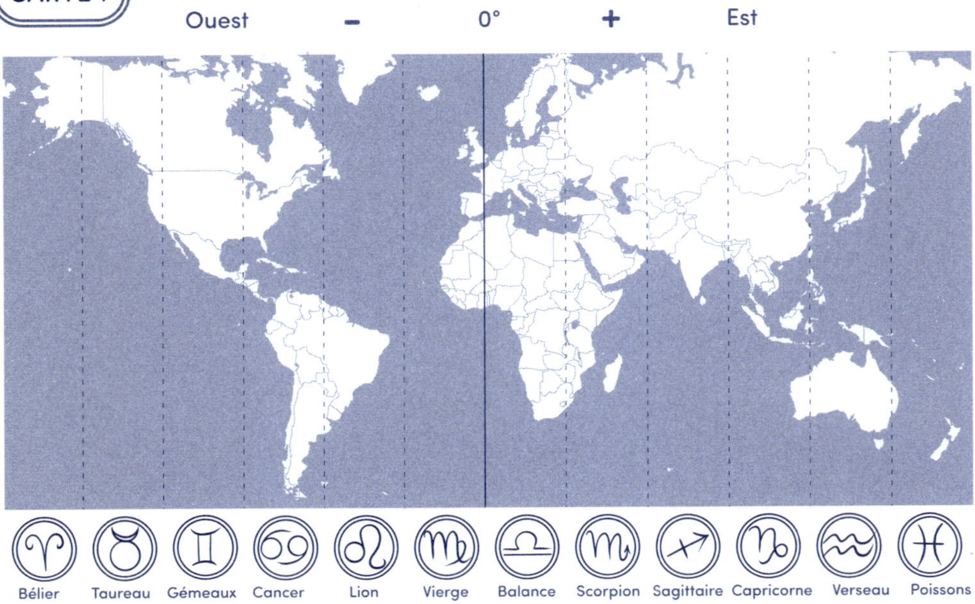

CARTE 2

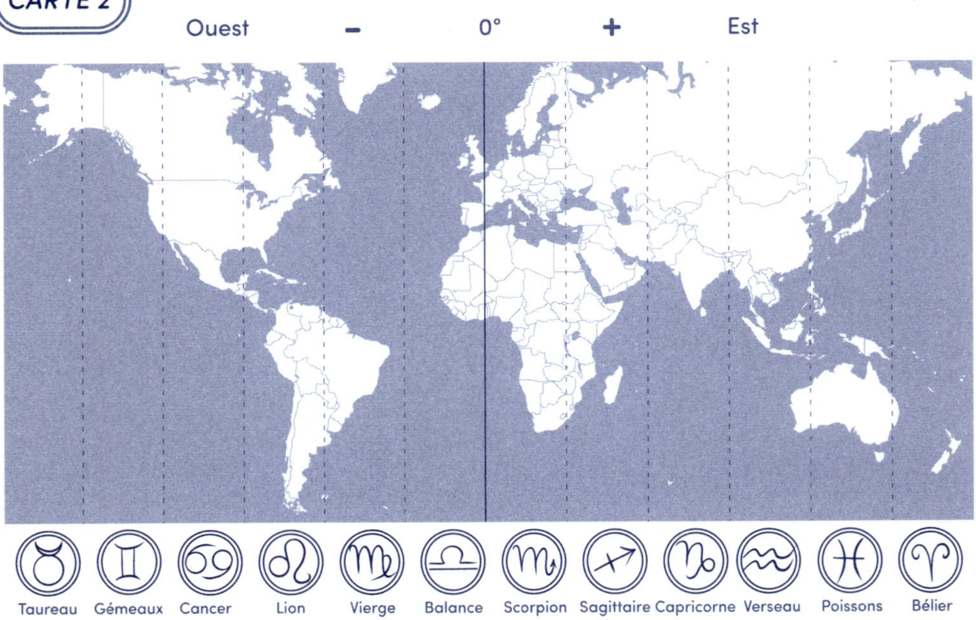

CARTE 3

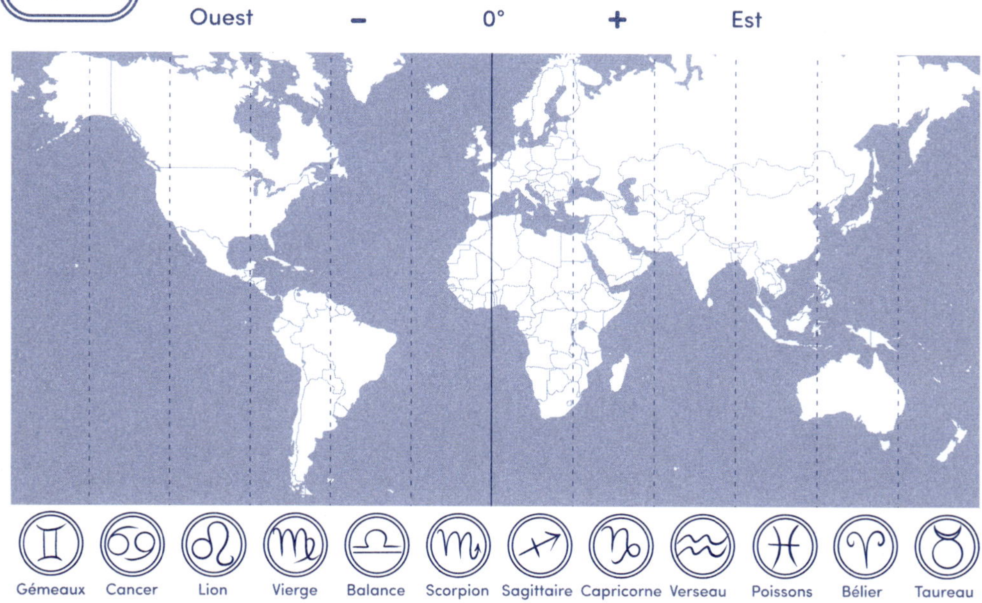

CARTE 4

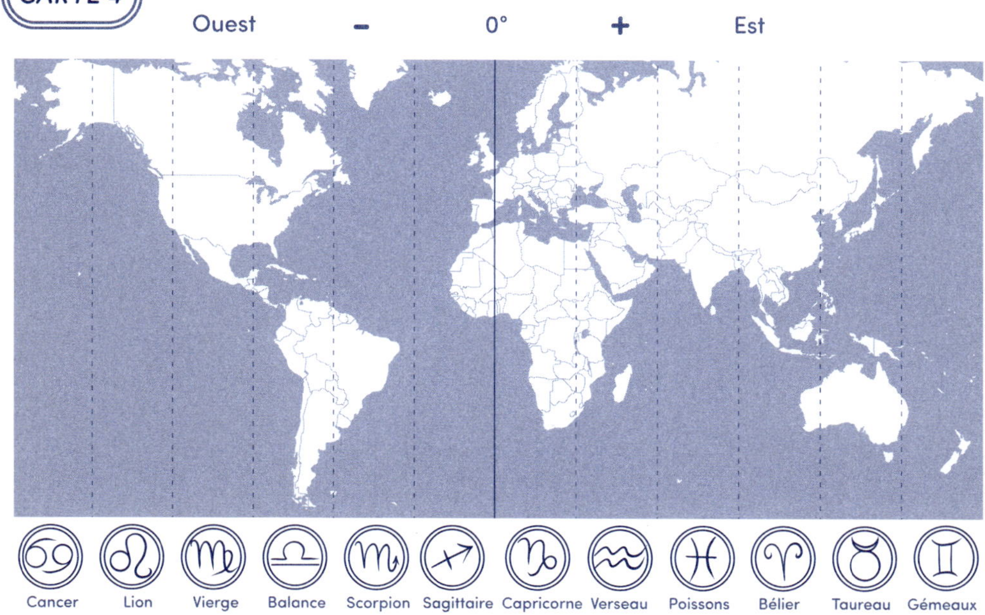

CARTE 5

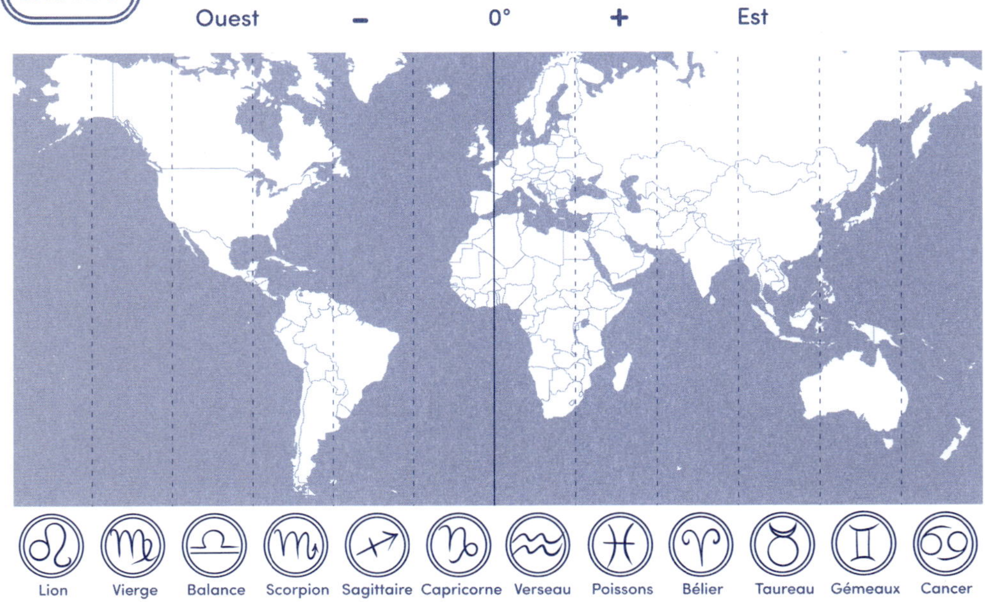

CARTE 6

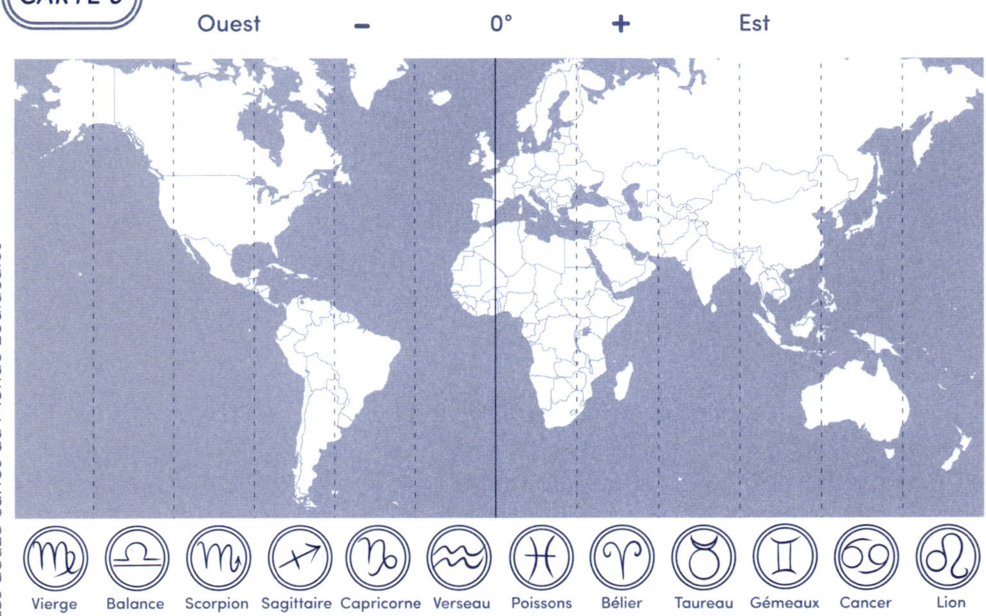

CARTE 7

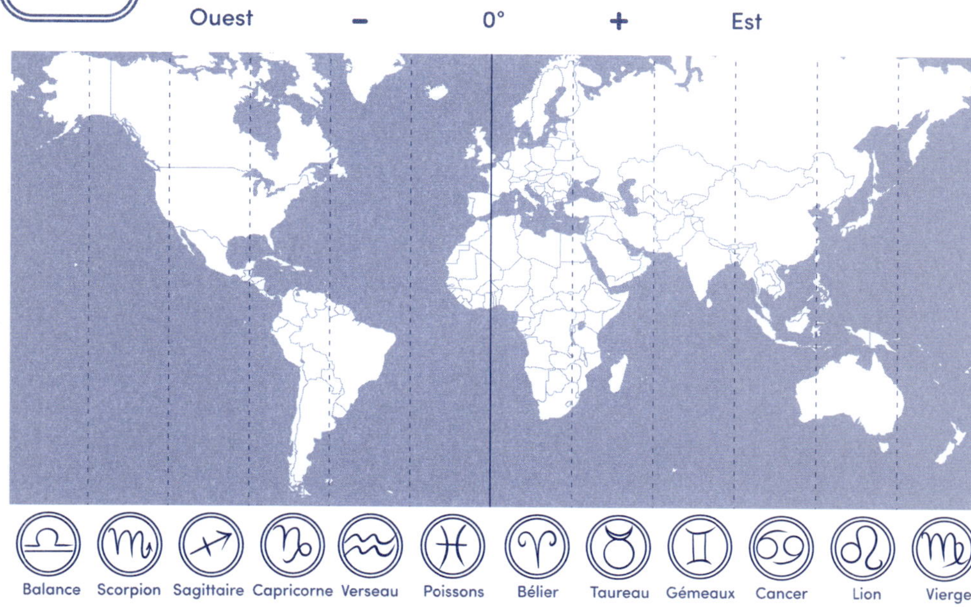

CARTE 8

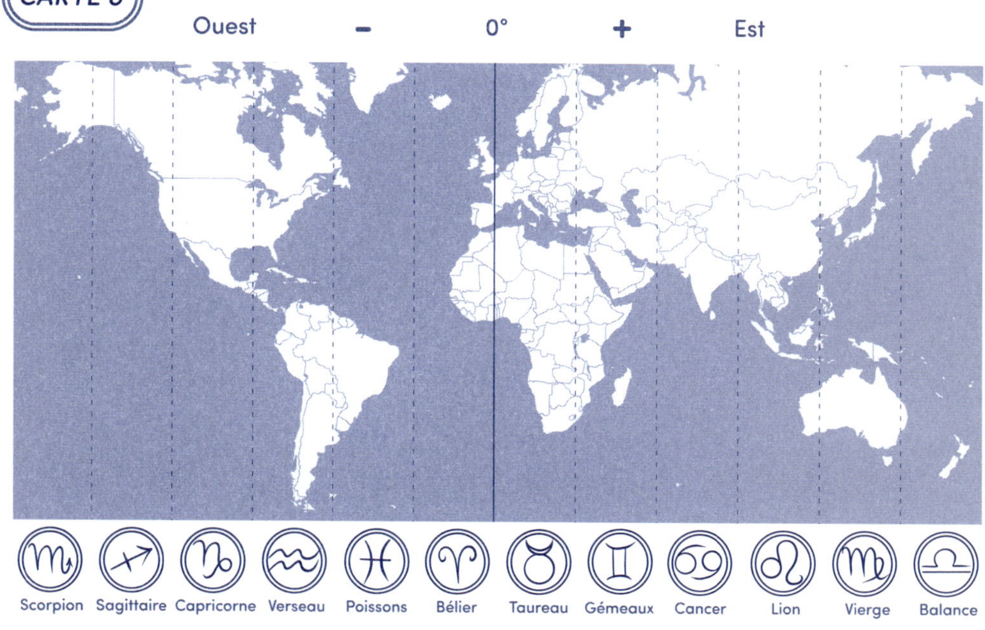

CARTE 9

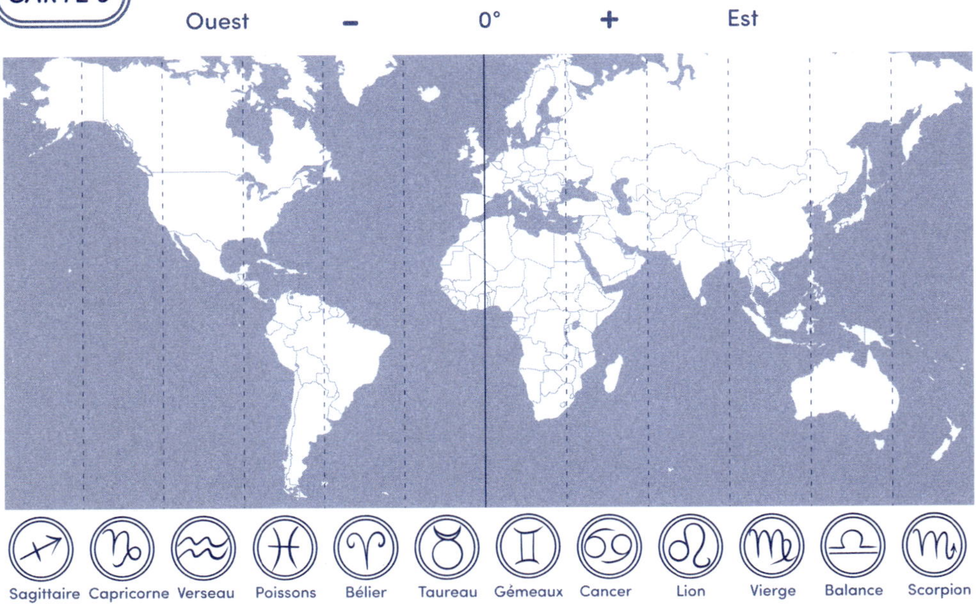

CARTE 10

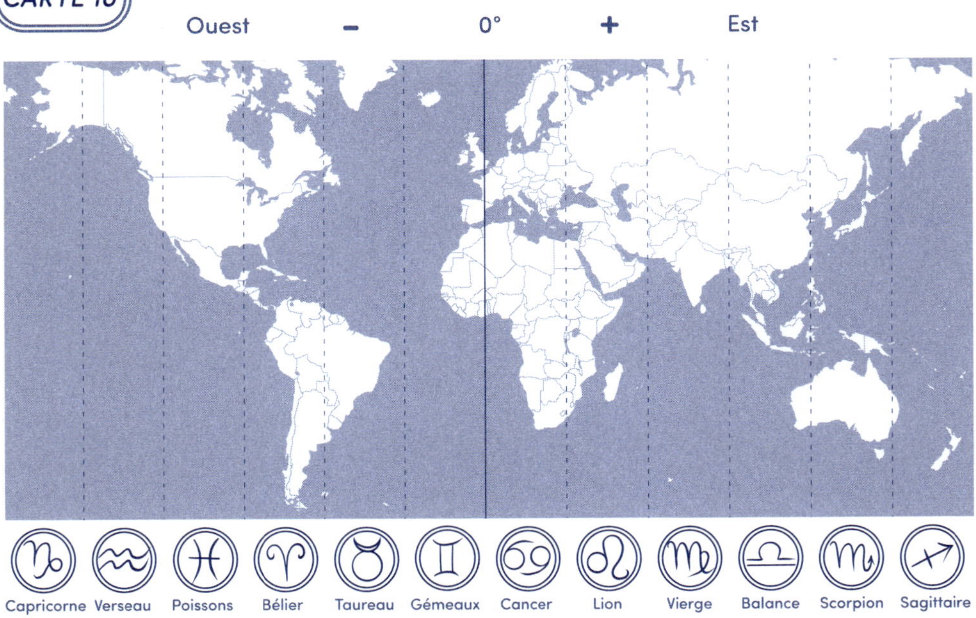

CARTE 11

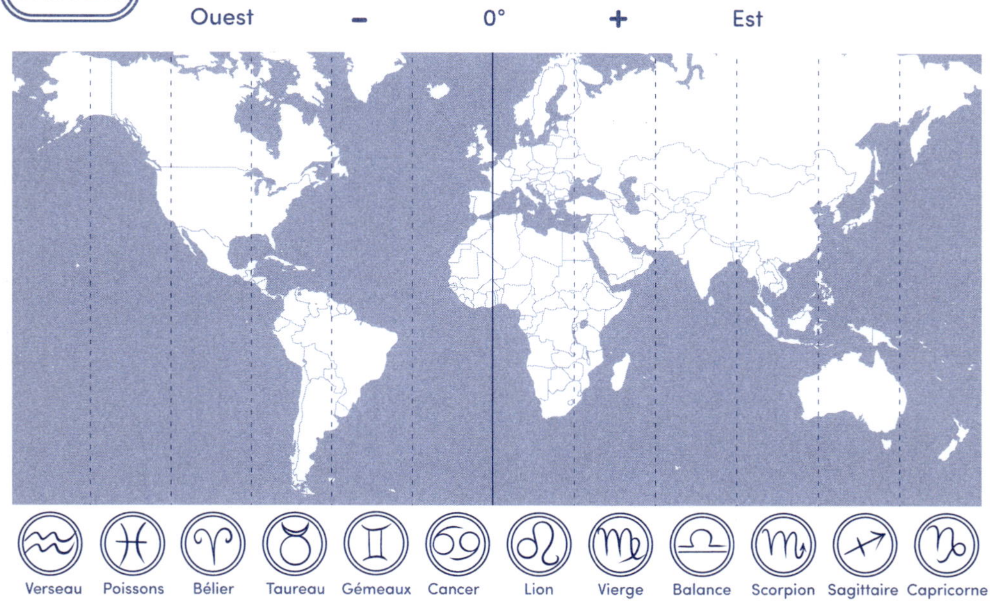

CARTE 12

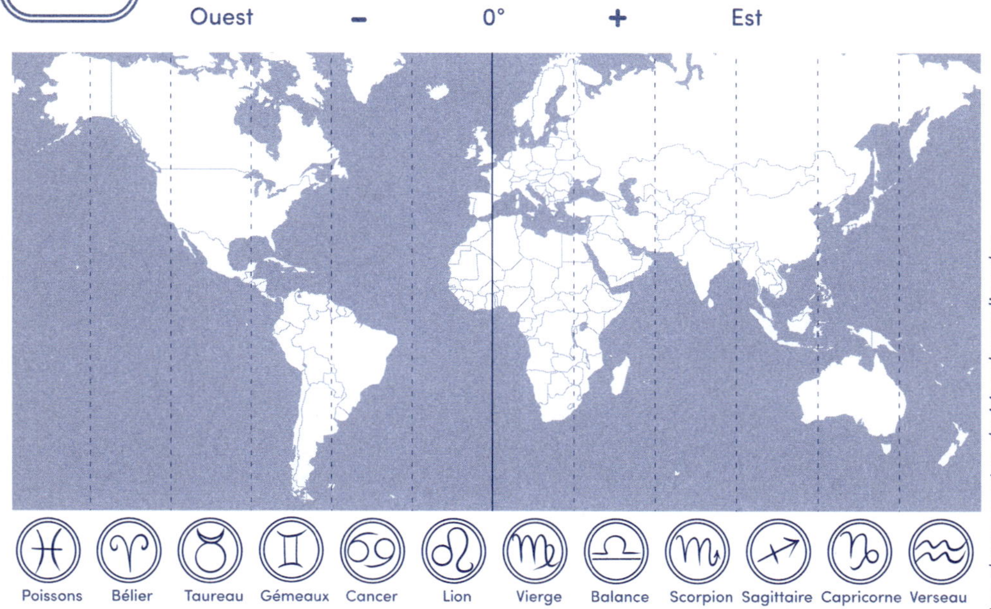

ASC
I
II
III
IV
V
VI
VII
VIII
IX
X
XI
XII

V
BOÎTE À OUTILS

Liste des documents indispensables pour vous accompagner en pleine conscience dans votre cheminement personnel, tout au long de votre vie

- *Le Carnet d'ascendants*
- *La Table des ascendants annuels*
- *La Feuille de changements d'ascendant*
- *Notes*

CARNET D'ASCENDANTS

Appartenant à

....

Né(e) le ....

heure : .... h ....

lieu : ....

ANNÉE DE NAISSANCE

SIGNE SOLAIRE & ASCENDANT NATAL

Événements majeurs de l'année

Jour de votre naissance :

Poids : - **Taille :**

Votre famille :

Votre lieu d'habitation :

Faits marquants :

LA TABLE DES ASCENDANTS ANNUELS

Bélier	Taureau	Gémeaux	Cancer	Lion	Vierge	Balance	Scorpion	Sagittaire	Capricorne	Verseau	Poissons

(+) Année favorable (–) Année moins favorable

Famille – Amis – Amour – Études – Travail – Argent – Forme – Sport – Loisirs

LA TABLE DES ASCENDANTS ANNUELS

Bélier	Taureau	Gémeaux	Cancer	Lion	Vierge	Balance	Scorpion	Sagittaire	Capricorne	Verseau	Poissons

(+) Année favorable (–) Année moins favorable

Famille – Amis – Amour – Études – Travail – Argent – Forme – Sport – Loisirs

1 an

Année ....

du ....

au ....

Ascendant annuel

....

Ville de résidence du jour de mon anniversaire

....

Ressenti général de l'année avec cet ascendant annuel

☆ ☆ ☆ ☆ ☆

Événements marquants

(notez uniquement les plus importants)

....

Identité cosmique de votre ascendant

Lignée ....

Élément ....

Rôle ....

Planète ....

Bienfait ....

Saison ....

Nature ....

Influence psychologique

(précisez votre pensée)

....

Cochez les domaines concernés

- ○ Famille
- ○ Amis
- ○ Amour
- ○ Études
- ○ Travail
- ○ Argent
- ○ Forme
- ○ Sport
- ○ Loisirs

2 ans

Année ....

du ....

au ....

Ascendant annuel

....

Ville de résidence du jour de mon anniversaire

....

Ressenti général de l'année avec cet ascendant annuel

☆ ☆ ☆ ☆ ☆

Événements marquants

(notez uniquement les plus importants)

....

Identité cosmique de votre ascendant

Lignée ....

Élément ....

Rôle ....

Planète ....

Bienfait ....

Saison ....

Nature ....

Influence psychologique

(précisez votre pensée)

....

Cochez les domaines concernés

- ○ Famille
- ○ Amis
- ○ Amour
- ○ Études
- ○ Travail
- ○ Argent
- ○ Forme
- ○ Sport
- ○ Loisirs

3 ans

Année ....

du ....
au ....

Ascendant annuel

....

Ressenti général de l'année avec cet ascendant annuel

☆ ☆ ☆ ☆ ☆

Ville de résidence du jour de mon anniversaire

....

Identité cosmique de votre ascendant

- Lignée ....
- Élément ....
- Rôle ....
- Planète ....
- Bienfait ....
- Saison ....
- Nature ....

Événements marquants

(notez uniquement les plus importants)

....

....

....

....

....

....

Influence psychologique

(précisez votre pensée)

....

....

....

....

Cochez les domaines concernés

- ○ Famille
- ○ Amis
- ○ Amour
- ○ Études
- ○ Travail
- ○ Argent
- ○ Forme
- ○ Sport
- ○ Loisirs

4 ans

Année ....

du ....
au ....

Ascendant annuel

....

Ressenti général de l'année avec cet ascendant annuel

☆ ☆ ☆ ☆ ☆

Ville de résidence du jour de mon anniversaire

....

Identité cosmique de votre ascendant

- Lignée ....
- Élément ....
- Rôle ....
- Planète ....
- Bienfait ....
- Saison ....
- Nature ....

Événements marquants

(notez uniquement les plus importants)

....

....

....

....

....

....

Influence psychologique

(précisez votre pensée)

....

....

....

....

Cochez les domaines concernés

- ○ Famille
- ○ Amis
- ○ Amour
- ○ Études
- ○ Travail
- ○ Argent
- ○ Forme
- ○ Sport
- ○ Loisirs

5 ans

Année ....

du ....
au ....

Ascendant annuel

....

Ressenti général de l'année avec cet ascendant annuel

☆ ☆ ☆ ☆ ☆

Ville de résidence du jour de mon anniversaire

....

Identité cosmique de votre ascendant

Lignée ....

Élément ....

Rôle ....

Planète ....

Bienfait ....

Saison ....

Nature ....

Événements marquants

(notez uniquement les plus importants)

....

Influence psychologique

(précisez votre pensée)

....

Cochez les domaines concernés

- ○ Famille
- ○ Amis
- ○ Amour
- ○ Études
- ○ Travail
- ○ Argent
- ○ Forme
- ○ Sport
- ○ Loisirs

6 ans

Année ....

du ....
au ....

Ascendant annuel

....

Ressenti général de l'année avec cet ascendant annuel

☆ ☆ ☆ ☆ ☆

Ville de résidence du jour de mon anniversaire

....

Identité cosmique de votre ascendant

Lignée ....

Élément ....

Rôle ....

Planète ....

Bienfait ....

Saison ....

Nature ....

Événements marquants

(notez uniquement les plus importants)

....

Influence psychologique

(précisez votre pensée)

....

Cochez les domaines concernés

- ○ Famille
- ○ Amis
- ○ Amour
- ○ Études
- ○ Travail
- ○ Argent
- ○ Forme
- ○ Sport
- ○ Loisirs

7 ans

Année ....

du ....
au ....

Ascendant annuel

....

Ressenti général de l'année avec cet ascendant annuel

☆ ☆ ☆ ☆ ☆

Ville de résidence du jour de mon anniversaire

....

Identité cosmique de votre ascendant

Lignée ....
Élément ....
Rôle ....
Planète ....
Bienfait ....
Saison ....
Nature ....

Événements marquants

(notez uniquement les plus importants)

....

Influence psychologique

(précisez votre pensée)

....

Cochez les domaines concernés

- ○ Famille
- ○ Amis
- ○ Amour
- ○ Études
- ○ Travail
- ○ Argent
- ○ Forme
- ○ Sport
- ○ Loisirs

8 ans

Année ....

du ....
au ....

Ascendant annuel

....

Ressenti général de l'année avec cet ascendant annuel

☆ ☆ ☆ ☆ ☆

Ville de résidence du jour de mon anniversaire

....

Identité cosmique de votre ascendant

Lignée ....
Élément ....
Rôle ....
Planète ....
Bienfait ....
Saison ....
Nature ....

Événements marquants

(notez uniquement les plus importants)

....

Influence psychologique

(précisez votre pensée)

....

Cochez les domaines concernés

- ○ Famille
- ○ Amis
- ○ Amour
- ○ Études
- ○ Travail
- ○ Argent
- ○ Forme
- ○ Sport
- ○ Loisirs

9 ans

Année ....

du ....

au ....

Ascendant annuel

....

Ville de résidence du jour de mon anniversaire

....

Ressenti général de l'année avec cet ascendant annuel

☆ ☆ ☆ ☆ ☆

Identité cosmique de votre ascendant

Lignée ....

Élément ....

Rôle ....

Planète ....

Bienfait ....

Saison ....

Nature ....

Événements marquants

(notez uniquement les plus importants)

....

Influence psychologique

(précisez votre pensée)

....

Cochez les domaines concernés

- ○ Famille
- ○ Amis
- ○ Amour
- ○ Études
- ○ Travail
- ○ Argent
- ○ Forme
- ○ Sport
- ○ Loisirs

10 ans

Année ....

du ....

au ....

Ascendant annuel

....

Ville de résidence du jour de mon anniversaire

....

Ressenti général de l'année avec cet ascendant annuel

☆ ☆ ☆ ☆ ☆

Identité cosmique de votre ascendant

Lignée ....

Élément ....

Rôle ....

Planète ....

Bienfait ....

Saison ....

Nature ....

Événements marquants

(notez uniquement les plus importants)

....

Influence psychologique

(précisez votre pensée)

....

Cochez les domaines concernés

- ○ Famille
- ○ Amis
- ○ Amour
- ○ Études
- ○ Travail
- ○ Argent
- ○ Forme
- ○ Sport
- ○ Loisirs

Ascendant annuel

11 ans

Année ....

du ....
au ....

Ville de résidence du jour de mon anniversaire

Ressenti général de l'année avec cet ascendant annuel

☆ ☆ ☆ ☆ ☆

Événements marquants

(notez uniquement les plus importants)

Identité cosmique de votre ascendant

Lignée ....
Élément ....
Rôle ....
Planète ....
Bienfait ....
Saison ....
Nature ....

Influence psychologique

(précisez votre pensée)

Cochez les domaines concernés

- ○ Famille
- ○ Amis
- ○ Amour
- ○ Études
- ○ Travail
- ○ Argent
- ○ Forme
- ○ Sport
- ○ Loisirs

Ascendant annuel

12 ans

Année ....

du ....
au ....

Ville de résidence du jour de mon anniversaire

Ressenti général de l'année avec cet ascendant annuel

☆ ☆ ☆ ☆ ☆

Événements marquants

(notez uniquement les plus importants)

Identité cosmique de votre ascendant

Lignée ....
Élément ....
Rôle ....
Planète ....
Bienfait ....
Saison ....
Nature ....

Influence psychologique

(précisez votre pensée)

Cochez les domaines concernés

- ○ Famille
- ○ Amis
- ○ Amour
- ○ Études
- ○ Travail
- ○ Argent
- ○ Forme
- ○ Sport
- ○ Loisirs

13 ans

Année ....

du ....
au ....

Ascendant annuel

....

Ressenti général de l'année avec cet ascendant annuel

☆ ☆ ☆ ☆ ☆

Ville de résidence du jour de mon anniversaire

....

Identité cosmique de votre ascendant

Lignée ....
Élément ....
Rôle ....
Planète ....
Bienfait ....
Saison ....
Nature ....

Événements marquants

(notez uniquement les plus importants)

....

Influence psychologique

(précisez votre pensée)

....

Cochez les domaines concernés

- ○ Famille
- ○ Amis
- ○ Amour
- ○ Études
- ○ Travail
- ○ Argent
- ○ Forme
- ○ Sport
- ○ Loisirs

14 ans

Année ....

du ....
au ....

Ascendant annuel

....

Ressenti général de l'année avec cet ascendant annuel

☆ ☆ ☆ ☆ ☆

Ville de résidence du jour de mon anniversaire

....

Identité cosmique de votre ascendant

Lignée ....
Élément ....
Rôle ....
Planète ....
Bienfait ....
Saison ....
Nature ....

Événements marquants

(notez uniquement les plus importants)

....

Influence psychologique

(précisez votre pensée)

....

Cochez les domaines concernés

- ○ Famille
- ○ Amis
- ○ Amour
- ○ Études
- ○ Travail
- ○ Argent
- ○ Forme
- ○ Sport
- ○ Loisirs

15 ans
Année ....
du ....
au ....

Ascendant annuel
....

Ville de résidence du jour de mon anniversaire
....

Ressenti général de l'année avec cet ascendant annuel
☆ ☆ ☆ ☆ ☆

Événements marquants
(notez uniquement les plus importants)

Identité cosmique de votre ascendant

- Lignée ....
- Élément ....
- Rôle ....
- Planète ....
- Bienfait ....
- Saison ....
- Nature ....

Influence psychologique
(précisez votre pensée)

Cochez les domaines concernés

- ○ Famille
- ○ Amis
- ○ Amour
- ○ Études
- ○ Travail
- ○ Argent
- ○ Forme
- ○ Sport
- ○ Loisirs

16 ans
Année ....
du ....
au ....

Ascendant annuel
....

Ville de résidence du jour de mon anniversaire
....

Ressenti général de l'année avec cet ascendant annuel
☆ ☆ ☆ ☆ ☆

Événements marquants
(notez uniquement les plus importants)

Identité cosmique de votre ascendant

- Lignée ....
- Élément ....
- Rôle ....
- Planète ....
- Bienfait ....
- Saison ....
- Nature ....

Influence psychologique
(précisez votre pensée)

Cochez les domaines concernés

- ○ Famille
- ○ Amis
- ○ Amour
- ○ Études
- ○ Travail
- ○ Argent
- ○ Forme
- ○ Sport
- ○ Loisirs

17 ans

Année ....

du ....

au ....

Ascendant annuel

....

Ressenti général de l'année avec cet ascendant annuel

☆ ☆ ☆ ☆ ☆

Ville de résidence du jour de mon anniversaire

....

Identité cosmique de votre ascendant

Lignée ....

Élément ....

Rôle ....

Planète ....

Bienfait ....

Saison ....

Nature ....

Événements marquants

(notez uniquement les plus importants)

....

....

....

....

....

Influence psychologique

(précisez votre pensée)

....

....

....

....

Cochez les domaines concernés

- ○ Famille
- ○ Amis
- ○ Amour
- ○ Études
- ○ Travail
- ○ Argent
- ○ Forme
- ○ Sport
- ○ Loisirs

18 ans

Année ....

du ....

au ....

Ascendant annuel

....

Ressenti général de l'année avec cet ascendant annuel

☆ ☆ ☆ ☆ ☆

Ville de résidence du jour de mon anniversaire

....

Identité cosmique de votre ascendant

Lignée ....

Élément ....

Rôle ....

Planète ....

Bienfait ....

Saison ....

Nature ....

Événements marquants

(notez uniquement les plus importants)

....

....

....

....

....

Influence psychologique

(précisez votre pensée)

....

....

....

....

Cochez les domaines concernés

- ○ Famille
- ○ Amis
- ○ Amour
- ○ Études
- ○ Travail
- ○ Argent
- ○ Forme
- ○ Sport
- ○ Loisirs

19 ans

Année ....

du ....
au ....

Ascendant annuel

....

Ville de résidence du jour de mon anniversaire

....

Ressenti général de l'année avec cet ascendant annuel

☆ ☆ ☆ ☆ ☆

Identité cosmique de votre ascendant

Lignée ....
Élément ....
Rôle ....
Planète ....
Bienfait ....
Saison ....
Nature ....

Événements marquants

(notez uniquement les plus importants)

....
....
....
....
....
....

Influence psychologique

(précisez votre pensée)

....
....
....
....

Cochez les domaines concernés

- ○ Famille
- ○ Amis
- ○ Amour
- ○ Études
- ○ Travail
- ○ Argent
- ○ Forme
- ○ Sport
- ○ Loisirs

20 ans

Année ....

du ....
au ....

Ascendant annuel

....

Ville de résidence du jour de mon anniversaire

....

Ressenti général de l'année avec cet ascendant annuel

☆ ☆ ☆ ☆ ☆

Identité cosmique de votre ascendant

Lignée ....
Élément ....
Rôle ....
Planète ....
Bienfait ....
Saison ....
Nature ....

Événements marquants

(notez uniquement les plus importants)

....
....
....
....
....
....

Influence psychologique

(précisez votre pensée)

....
....
....
....

Cochez les domaines concernés

- ○ Famille
- ○ Amis
- ○ Amour
- ○ Études
- ○ Travail
- ○ Argent
- ○ Forme
- ○ Sport
- ○ Loisirs

21 ans

Année ....

du ....
au ....

Ascendant annuel

....

Ressenti général de l'année avec cet ascendant annuel

☆ ☆ ☆ ☆ ☆

Ville de résidence du jour de mon anniversaire

....

Événements marquants

(notez uniquement les plus importants)

....
....
....
....
....
....

Influence psychologique

(précisez votre pensée)

....
....
....
....

Identité cosmique de votre ascendant

Lignée	....
Élément	....
Rôle	....
Planète	....
Bienfait	....
Saison	....
Nature	....

Cochez les domaines concernés

- ○ Famille
- ○ Amis
- ○ Amour
- ○ Études
- ○ Travail
- ○ Argent
- ○ Forme
- ○ Sport
- ○ Loisirs

22 ans

Année ....

du ....
au ....

Ascendant annuel

....

Ressenti général de l'année avec cet ascendant annuel

☆ ☆ ☆ ☆ ☆

Ville de résidence du jour de mon anniversaire

....

Événements marquants

(notez uniquement les plus importants)

....
....
....
....
....
....

Influence psychologique

(précisez votre pensée)

....
....
....
....

Identité cosmique de votre ascendant

Lignée	....
Élément	....
Rôle	....
Planète	....
Bienfait	....
Saison	....
Nature	....

Cochez les domaines concernés

- ○ Famille
- ○ Amis
- ○ Amour
- ○ Études
- ○ Travail
- ○ Argent
- ○ Forme
- ○ Sport
- ○ Loisirs

23 ans
Année ....
du ....
au ....

Ascendant annuel

....

Ressenti général de l'année avec cet ascendant annuel

☆ ☆ ☆ ☆ ☆

Ville de résidence du jour de mon anniversaire

....

Identité cosmique de votre ascendant

Lignée ....
Élément ....
Rôle ....
Planète ....
Bienfait ....
Saison ....
Nature ....

Événements marquants

(notez uniquement les plus importants)

....

Influence psychologique

(précisez votre pensée)

....

Cochez les domaines concernés

- ○ Famille
- ○ Amis
- ○ Amour
- ○ Études
- ○ Travail
- ○ Argent
- ○ Forme
- ○ Sport
- ○ Loisirs

24 ans
Année ....
du ....
au ....

Ascendant annuel

....

Ressenti général de l'année avec cet ascendant annuel

☆ ☆ ☆ ☆ ☆

Ville de résidence du jour de mon anniversaire

....

Identité cosmique de votre ascendant

Lignée ....
Élément ....
Rôle ....
Planète ....
Bienfait ....
Saison ....
Nature ....

Événements marquants

(notez uniquement les plus importants)

....

Influence psychologique

(précisez votre pensée)

....

Cochez les domaines concernés

- ○ Famille
- ○ Amis
- ○ Amour
- ○ Études
- ○ Travail
- ○ Argent
- ○ Forme
- ○ Sport
- ○ Loisirs

Ascendant annuel

25 ans

Année ....

du ....

au ....

Ville de résidence du jour de mon anniversaire

....

Ressenti général de l'année avec cet ascendant annuel

☆ ☆ ☆ ☆ ☆

Événements marquants

(notez uniquement les plus importants)

Identité cosmique de votre ascendant

Lignée ....

Élément ....

Rôle ....

Planète ....

Bienfait ....

Saison ....

Nature ....

Influence psychologique

(précisez votre pensée)

Cochez les domaines concernés

- ○ Famille
- ○ Amis
- ○ Amour
- ○ Études
- ○ Travail
- ○ Argent
- ○ Forme
- ○ Sport
- ○ Loisirs

Ascendant annuel

26 ans

Année ....

du ....

au ....

Ville de résidence du jour de mon anniversaire

....

Ressenti général de l'année avec cet ascendant annuel

☆ ☆ ☆ ☆ ☆

Événements marquants

(notez uniquement les plus importants)

Identité cosmique de votre ascendant

Lignée ....

Élément ....

Rôle ....

Planète ....

Bienfait ....

Saison ....

Nature ....

Influence psychologique

(précisez votre pensée)

Cochez les domaines concernés

- ○ Famille
- ○ Amis
- ○ Amour
- ○ Études
- ○ Travail
- ○ Argent
- ○ Forme
- ○ Sport
- ○ Loisirs

27 ans

Année ....

du ....
au ....

Ascendant annuel

....

Ville de résidence du jour de mon anniversaire

....

Ressenti général de l'année avec cet ascendant annuel

☆ ☆ ☆ ☆ ☆

Événements marquants

(notez uniquement les plus importants)

....

Identité cosmique de votre ascendant

Lignée ....
Élément ....
Rôle ....
Planète ....
Bienfait ....
Saison ....
Nature ....

Influence psychologique

(précisez votre pensée)

....

Cochez les domaines concernés

- ○ Famille
- ○ Amis
- ○ Amour
- ○ Études
- ○ Travail
- ○ Argent
- ○ Forme
- ○ Sport
- ○ Loisirs

28 ans

Année ....

du ....
au ....

Ascendant annuel

....

Ville de résidence du jour de mon anniversaire

....

Ressenti général de l'année avec cet ascendant annuel

☆ ☆ ☆ ☆ ☆

Événements marquants

(notez uniquement les plus importants)

....

Identité cosmique de votre ascendant

Lignée ....
Élément ....
Rôle ....
Planète ....
Bienfait ....
Saison ....
Nature ....

Influence psychologique

(précisez votre pensée)

....

Cochez les domaines concernés

- ○ Famille
- ○ Amis
- ○ Amour
- ○ Études
- ○ Travail
- ○ Argent
- ○ Forme
- ○ Sport
- ○ Loisirs

29 ans
Année ……………

du ……………
au ……………

Ascendant annuel

……………

Ville de résidence du jour de mon anniversaire

……………

Ressenti général de l'année avec cet ascendant annuel

☆ ☆ ☆ ☆ ☆

Événements marquants

(notez uniquement les plus importants)

……………

Identité cosmique de votre ascendant

Lignée ……………
Élément ……………
Rôle ……………
Planète ……………
Bienfait ……………
Saison ……………
Nature ……………

Influence psychologique

(précisez votre pensée)

……………

Cochez les domaines concernés

- ○ Famille
- ○ Amis
- ○ Amour
- ○ Études
- ○ Travail
- ○ Argent
- ○ Forme
- ○ Sport
- ○ Loisirs

30 ans
Année ……………

du ……………
au ……………

Ascendant annuel

……………

Ville de résidence du jour de mon anniversaire

……………

Ressenti général de l'année avec cet ascendant annuel

☆ ☆ ☆ ☆ ☆

Événements marquants

(notez uniquement les plus importants)

……………

Identité cosmique de votre ascendant

Lignée ……………
Élément ……………
Rôle ……………
Planète ……………
Bienfait ……………
Saison ……………
Nature ……………

Influence psychologique

(précisez votre pensée)

……………

Cochez les domaines concernés

- ○ Famille
- ○ Amis
- ○ Amour
- ○ Études
- ○ Travail
- ○ Argent
- ○ Forme
- ○ Sport
- ○ Loisirs

31 ans

Année ....

du ....
au ....

Ascendant annuel

....

Ville de résidence du jour de mon anniversaire

....

Ressenti général de l'année avec cet ascendant annuel

☆ ☆ ☆ ☆ ☆

Identité cosmique de votre ascendant

Lignée ....

Élément ....

Rôle ....

Planète ....

Bienfait ....

Saison ....

Nature ....

Événements marquants

(notez uniquement les plus importants)

....

....

....

....

....

....

Influence psychologique

(précisez votre pensée)

....

....

....

....

Cochez les domaines concernés

- ○ Famille
- ○ Amis
- ○ Amour
- ○ Études
- ○ Travail
- ○ Argent
- ○ Forme
- ○ Sport
- ○ Loisirs

32 ans

Année ....

du ....
au ....

Ascendant annuel

....

Ville de résidence du jour de mon anniversaire

....

Ressenti général de l'année avec cet ascendant annuel

☆ ☆ ☆ ☆ ☆

Identité cosmique de votre ascendant

Lignée ....

Élément ....

Rôle ....

Planète ....

Bienfait ....

Saison ....

Nature ....

Événements marquants

(notez uniquement les plus importants)

....

....

....

....

....

....

Influence psychologique

(précisez votre pensée)

....

....

....

....

Cochez les domaines concernés

- ○ Famille
- ○ Amis
- ○ Amour
- ○ Études
- ○ Travail
- ○ Argent
- ○ Forme
- ○ Sport
- ○ Loisirs

33 ans

Année ....

du ....
au ....

Ascendant annuel

....

Ville de résidence du jour de mon anniversaire

....

Ressenti général de l'année avec cet ascendant annuel

☆ ☆ ☆ ☆ ☆

Identité cosmique de votre ascendant

Lignée ....
Élément ....
Rôle ....
Planète ....
Bienfait ....
Saison ....
Nature ....

Événements marquants

(notez uniquement les plus importants)

....

Influence psychologique

(précisez votre pensée)

....

Cochez les domaines concernés

- ○ Famille
- ○ Amis
- ○ Amour
- ○ Études
- ○ Travail
- ○ Argent
- ○ Forme
- ○ Sport
- ○ Loisirs

34 ans

Année ....

du ....
au ....

Ascendant annuel

....

Ville de résidence du jour de mon anniversaire

....

Ressenti général de l'année avec cet ascendant annuel

☆ ☆ ☆ ☆ ☆

Identité cosmique de votre ascendant

Lignée ....
Élément ....
Rôle ....
Planète ....
Bienfait ....
Saison ....
Nature ....

Événements marquants

(notez uniquement les plus importants)

....

Influence psychologique

(précisez votre pensée)

....

Cochez les domaines concernés

- ○ Famille
- ○ Amis
- ○ Amour
- ○ Études
- ○ Travail
- ○ Argent
- ○ Forme
- ○ Sport
- ○ Loisirs

35 ans

Année ....

du ....
au ....

Ascendant annuel

....

Ville de résidence
du jour
de mon anniversaire

....

Ressenti général de l'année avec cet ascendant annuel

☆ ☆ ☆ ☆ ☆

Événements marquants

(notez uniquement les plus importants)

Identité cosmique
de votre ascendant

Lignée ....
Élément ....
Rôle ....
Planète ....
Bienfait ....
Saison ....
Nature ....

Influence psychologique

(précisez votre pensée)

Cochez les domaines
concernés

- ○ Famille
- ○ Amis
- ○ Amour
- ○ Études
- ○ Travail
- ○ Argent
- ○ Forme
- ○ Sport
- ○ Loisirs

36 ans

Année ....

du ....
au ....

Ascendant annuel

....

Ville de résidence
du jour
de mon anniversaire

....

Ressenti général de l'année avec cet ascendant annuel

☆ ☆ ☆ ☆ ☆

Événements marquants

(notez uniquement les plus importants)

Identité cosmique
de votre ascendant

Lignée ....
Élément ....
Rôle ....
Planète ....
Bienfait ....
Saison ....
Nature ....

Influence psychologique

(précisez votre pensée)

Cochez les domaines
concernés

- ○ Famille
- ○ Amis
- ○ Amour
- ○ Études
- ○ Travail
- ○ Argent
- ○ Forme
- ○ Sport
- ○ Loisirs

Ascendant annuel

....

37 ans

Année ....

du ....

au ....

Ville de résidence du jour de mon anniversaire

....

Ressenti général de l'année avec cet ascendant annuel

☆ ☆ ☆ ☆ ☆

Événements marquants

(notez uniquement les plus importants)

Identité cosmique de votre ascendant

Lignée	....
Élément	....
Rôle	....
Planète	....
Bienfait	....
Saison	....
Nature	....

Influence psychologique

(précisez votre pensée)

Cochez les domaines concernés

- ○ Famille
- ○ Amis
- ○ Amour
- ○ Études
- ○ Travail
- ○ Argent
- ○ Forme
- ○ Sport
- ○ Loisirs

Ascendant annuel

....

38 ans

Année ....

du ....

au ....

Ville de résidence du jour de mon anniversaire

....

Ressenti général de l'année avec cet ascendant annuel

☆ ☆ ☆ ☆ ☆

Événements marquants

(notez uniquement les plus importants)

Identité cosmique de votre ascendant

Lignée	....
Élément	....
Rôle	....
Planète	....
Bienfait	....
Saison	....
Nature	....

Influence psychologique

(précisez votre pensée)

Cochez les domaines concernés

- ○ Famille
- ○ Amis
- ○ Amour
- ○ Études
- ○ Travail
- ○ Argent
- ○ Forme
- ○ Sport
- ○ Loisirs

39 ans

Année ....

du ....

au ....

Ascendant annuel

....

Ville de résidence du jour de mon anniversaire

....

Ressenti général de l'année avec cet ascendant annuel

☆ ☆ ☆ ☆ ☆

Événements marquants

(notez uniquement les plus importants)

Identité cosmique de votre ascendant

Lignée ....

Élément ....

Rôle ....

Planète ....

Bienfait ....

Saison ....

Nature ....

Influence psychologique

(précisez votre pensée)

Cochez les domaines concernés

- ○ Famille
- ○ Amis
- ○ Amour
- ○ Études
- ○ Travail
- ○ Argent
- ○ Forme
- ○ Sport
- ○ Loisirs

40 ans

Année ....

du ....

au ....

Ascendant annuel

....

Ville de résidence du jour de mon anniversaire

....

Ressenti général de l'année avec cet ascendant annuel

☆ ☆ ☆ ☆ ☆

Événements marquants

(notez uniquement les plus importants)

Identité cosmique de votre ascendant

Lignée ....

Élément ....

Rôle ....

Planète ....

Bienfait ....

Saison ....

Nature ....

Influence psychologique

(précisez votre pensée)

Cochez les domaines concernés

- ○ Famille
- ○ Amis
- ○ Amour
- ○ Études
- ○ Travail
- ○ Argent
- ○ Forme
- ○ Sport
- ○ Loisirs

Ascendant annuel

....

41 ans

Année ....

du ....

au ....

Ville de résidence du jour de mon anniversaire

....

Ressenti général de l'année avec cet ascendant annuel

☆ ☆ ☆ ☆ ☆

Événements marquants

(notez uniquement les plus importants)

....

....

....

....

....

....

Identité cosmique de votre ascendant

Lignée	....
Élément	....
Rôle	....
Planète	....
Bienfait	....
Saison	....
Nature	....

Influence psychologique

(précisez votre pensée)

....

....

....

....

Cochez les domaines concernés

- ○ Famille
- ○ Amis
- ○ Amour
- ○ Études
- ○ Travail
- ○ Argent
- ○ Forme
- ○ Sport
- ○ Loisirs

Ascendant annuel

....

42 ans

Année ....

du ....

au ....

Ville de résidence du jour de mon anniversaire

....

Ressenti général de l'année avec cet ascendant annuel

☆ ☆ ☆ ☆ ☆

Événements marquants

(notez uniquement les plus importants)

....

....

....

....

....

....

Identité cosmique de votre ascendant

Lignée	....
Élément	....
Rôle	....
Planète	....
Bienfait	....
Saison	....
Nature	....

Influence psychologique

(précisez votre pensée)

....

....

....

....

Cochez les domaines concernés

- ○ Famille
- ○ Amis
- ○ Amour
- ○ Études
- ○ Travail
- ○ Argent
- ○ Forme
- ○ Sport
- ○ Loisirs

43 ans

Année ....

du ....
au ....

Ascendant annuel

....

Ville de résidence du jour de mon anniversaire

....

Ressenti général de l'année avec cet ascendant annuel

☆ ☆ ☆ ☆ ☆

Identité cosmique de votre ascendant

Lignée ....
Élément ....
Rôle ....
Planète ....
Bienfait ....
Saison ....
Nature ....

Événements marquants

(notez uniquement les plus importants)

....

Influence psychologique

(précisez votre pensée)

....

Cochez les domaines concernés

- ○ Famille
- ○ Amis
- ○ Amour
- ○ Études
- ○ Travail
- ○ Argent
- ○ Forme
- ○ Sport
- ○ Loisirs

44 ans

Année ....

du ....
au ....

Ascendant annuel

....

Ville de résidence du jour de mon anniversaire

....

Ressenti général de l'année avec cet ascendant annuel

☆ ☆ ☆ ☆ ☆

Identité cosmique de votre ascendant

Lignée ....
Élément ....
Rôle ....
Planète ....
Bienfait ....
Saison ....
Nature ....

Événements marquants

(notez uniquement les plus importants)

....

Influence psychologique

(précisez votre pensée)

....

Cochez les domaines concernés

- ○ Famille
- ○ Amis
- ○ Amour
- ○ Études
- ○ Travail
- ○ Argent
- ○ Forme
- ○ Sport
- ○ Loisirs

45 ans
Année ....

du ....
au ....

Ascendant annuel

....

Ville de résidence du jour de mon anniversaire

....

Ressenti général de l'année avec cet ascendant annuel

☆ ☆ ☆ ☆ ☆

Événements marquants

(notez uniquement les plus importants)

....

Identité cosmique de votre ascendant

- Lignée ....
- Élément ....
- Rôle ....
- Planète ....
- Bienfait ....
- Saison ....
- Nature ....

Influence psychologique

(précisez votre pensée)

....

Cochez les domaines concernés

- ○ Famille
- ○ Amis
- ○ Amour
- ○ Études
- ○ Travail
- ○ Argent
- ○ Forme
- ○ Sport
- ○ Loisirs

46 ans
Année ....

du ....
au ....

Ascendant annuel

....

Ville de résidence du jour de mon anniversaire

....

Ressenti général de l'année avec cet ascendant annuel

☆ ☆ ☆ ☆ ☆

Événements marquants

(notez uniquement les plus importants)

....

Identité cosmique de votre ascendant

- Lignée ....
- Élément ....
- Rôle ....
- Planète ....
- Bienfait ....
- Saison ....
- Nature ....

Influence psychologique

(précisez votre pensée)

....

Cochez les domaines concernés

- ○ Famille
- ○ Amis
- ○ Amour
- ○ Études
- ○ Travail
- ○ Argent
- ○ Forme
- ○ Sport
- ○ Loisirs

47 ans

Année ....

du ....
au ....

Ascendant annuel

....

Ville de résidence du jour de mon anniversaire

....

Ressenti général de l'année avec cet ascendant annuel

☆ ☆ ☆ ☆ ☆

Identité cosmique de votre ascendant

Lignée ....

Élément ....

Rôle ....

Planète ....

Bienfait ....

Saison ....

Nature ....

Événements marquants

(notez uniquement les plus importants)

....

Influence psychologique

(précisez votre pensée)

....

Cochez les domaines concernés

- ○ Famille
- ○ Amis
- ○ Amour
- ○ Études
- ○ Travail
- ○ Argent
- ○ Forme
- ○ Sport
- ○ Loisirs

48 ans

Année ....

du ....
au ....

Ascendant annuel

....

Ville de résidence du jour de mon anniversaire

....

Ressenti général de l'année avec cet ascendant annuel

☆ ☆ ☆ ☆ ☆

Identité cosmique de votre ascendant

Lignée ....

Élément ....

Rôle ....

Planète ....

Bienfait ....

Saison ....

Nature ....

Événements marquants

(notez uniquement les plus importants)

....

Influence psychologique

(précisez votre pensée)

....

Cochez les domaines concernés

- ○ Famille
- ○ Amis
- ○ Amour
- ○ Études
- ○ Travail
- ○ Argent
- ○ Forme
- ○ Sport
- ○ Loisirs

49 ans

Année ....

du ....

au ....

Identité cosmique de votre ascendant

Lignée ....

Élément ....

Rôle ....

Planète ....

Bienfait ....

Saison ....

Nature ....

Ascendant annuel

....

Ressenti général de l'année avec cet ascendant annuel

☆ ☆ ☆ ☆ ☆

Événements marquants

(notez uniquement les plus importants)

....

....

....

....

....

Influence psychologique

(précisez votre pensée)

....

....

....

....

Ville de résidence du jour de mon anniversaire

....

Cochez les domaines concernés

- ○ Famille
- ○ Amis
- ○ Amour
- ○ Études
- ○ Travail
- ○ Argent
- ○ Forme
- ○ Sport
- ○ Loisirs

50 ans

Année ....

du ....

au ....

Identité cosmique de votre ascendant

Lignée ....

Élément ....

Rôle ....

Planète ....

Bienfait ....

Saison ....

Nature ....

Ascendant annuel

....

Ressenti général de l'année avec cet ascendant annuel

☆ ☆ ☆ ☆ ☆

Événements marquants

(notez uniquement les plus importants)

....

....

....

....

....

Influence psychologique

(précisez votre pensée)

....

....

....

....

Ville de résidence du jour de mon anniversaire

....

Cochez les domaines concernés

- ○ Famille
- ○ Amis
- ○ Amour
- ○ Études
- ○ Travail
- ○ Argent
- ○ Forme
- ○ Sport
- ○ Loisirs

51 ans

Année ....

du ....
au ....

Ascendant annuel

....

Ressenti général de l'année avec cet ascendant annuel

☆ ☆ ☆ ☆ ☆

Ville de résidence du jour de mon anniversaire

....

Identité cosmique de votre ascendant

Lignée ....
Élément ....
Rôle ....
Planète ....
Bienfait ....
Saison ....
Nature ....

Événements marquants

(notez uniquement les plus importants)

....

Influence psychologique

(précisez votre pensée)

....

Cochez les domaines concernés

- ○ Famille
- ○ Amis
- ○ Amour
- ○ Études
- ○ Travail
- ○ Argent
- ○ Forme
- ○ Sport
- ○ Loisirs

52 ans

Année ....

du ....
au ....

Ascendant annuel

....

Ressenti général de l'année avec cet ascendant annuel

☆ ☆ ☆ ☆ ☆

Ville de résidence du jour de mon anniversaire

....

Identité cosmique de votre ascendant

Lignée ....
Élément ....
Rôle ....
Planète ....
Bienfait ....
Saison ....
Nature ....

Événements marquants

(notez uniquement les plus importants)

....

Influence psychologique

(précisez votre pensée)

....

Cochez les domaines concernés

- ○ Famille
- ○ Amis
- ○ Amour
- ○ Études
- ○ Travail
- ○ Argent
- ○ Forme
- ○ Sport
- ○ Loisirs

Ascendant annuel

....

53 ans

Année ....

du ....

au ....

Ville de résidence du jour de mon anniversaire

....

Ressenti général de l'année avec cet ascendant annuel

☆ ☆ ☆ ☆ ☆

Événements marquants

(notez uniquement les plus importants)

....

Identité cosmique de votre ascendant

Lignée ....

Élément ....

Rôle ....

Planète ....

Bienfait ....

Saison ....

Nature ....

Influence psychologique

(précisez votre pensée)

....

Cochez les domaines concernés

- ○ Famille
- ○ Amis
- ○ Amour
- ○ Études
- ○ Travail
- ○ Argent
- ○ Forme
- ○ Sport
- ○ Loisirs

Ascendant annuel

....

54 ans

Année ....

du ....

au ....

Ville de résidence du jour de mon anniversaire

....

Ressenti général de l'année avec cet ascendant annuel

☆ ☆ ☆ ☆ ☆

Événements marquants

(notez uniquement les plus importants)

....

Identité cosmique de votre ascendant

Lignée ....

Élément ....

Rôle ....

Planète ....

Bienfait ....

Saison ....

Nature ....

Influence psychologique

(précisez votre pensée)

....

Cochez les domaines concernés

- ○ Famille
- ○ Amis
- ○ Amour
- ○ Études
- ○ Travail
- ○ Argent
- ○ Forme
- ○ Sport
- ○ Loisirs

Ascendant annuel

55 ans

Année ....

du ....
au ....

Ville de résidence du jour de mon anniversaire

....

Ressenti général de l'année avec cet ascendant annuel

☆ ☆ ☆ ☆ ☆

Événements marquants

(notez uniquement les plus importants)

Identité cosmique de votre ascendant

- Lignée ....
- Élément ....
- Rôle ....
- Planète ....
- Bienfait ....
- Saison ....
- Nature ....

Cochez les domaines concernés

- ○ Famille
- ○ Amis
- ○ Amour
- ○ Études
- ○ Travail
- ○ Argent
- ○ Forme
- ○ Sport
- ○ Loisirs

Influence psychologique

(précisez votre pensée)

Ascendant annuel

56 ans

Année ....

du ....
au ....

Ville de résidence du jour de mon anniversaire

....

Ressenti général de l'année avec cet ascendant annuel

☆ ☆ ☆ ☆ ☆

Événements marquants

(notez uniquement les plus importants)

Identité cosmique de votre ascendant

- Lignée ....
- Élément ....
- Rôle ....
- Planète ....
- Bienfait ....
- Saison ....
- Nature ....

Cochez les domaines concernés

- ○ Famille
- ○ Amis
- ○ Amour
- ○ Études
- ○ Travail
- ○ Argent
- ○ Forme
- ○ Sport
- ○ Loisirs

Influence psychologique

(précisez votre pensée)

57 ans

Année ....

du ....

au ....

Ascendant annuel

....

Ville de résidence du jour de mon anniversaire

....

Ressenti général de l'année avec cet ascendant annuel

☆ ☆ ☆ ☆ ☆

Événements marquants

(notez uniquement les plus importants)

Identité cosmique de votre ascendant

Lignée	....
Élément	....
Rôle	....
Planète	....
Bienfait	....
Saison	....
Nature	....

Influence psychologique

(précisez votre pensée)

Cochez les domaines concernés

- ○ Famille
- ○ Amis
- ○ Amour
- ○ Études
- ○ Travail
- ○ Argent
- ○ Forme
- ○ Sport
- ○ Loisirs

58 ans

Année ....

du ....

au ....

Ascendant annuel

....

Ville de résidence du jour de mon anniversaire

....

Ressenti général de l'année avec cet ascendant annuel

☆ ☆ ☆ ☆ ☆

Événements marquants

(notez uniquement les plus importants)

Identité cosmique de votre ascendant

Lignée	....
Élément	....
Rôle	....
Planète	....
Bienfait	....
Saison	....
Nature	....

Influence psychologique

(précisez votre pensée)

Cochez les domaines concernés

- ○ Famille
- ○ Amis
- ○ Amour
- ○ Études
- ○ Travail
- ○ Argent
- ○ Forme
- ○ Sport
- ○ Loisirs

59 ans

Année ....

du ....
au ....

Ascendant annuel

....

Ville de résidence du jour de mon anniversaire

....

Ressenti général de l'année avec cet ascendant annuel

☆ ☆ ☆ ☆ ☆

Événements marquants

(notez uniquement les plus importants)

....

Influence psychologique

(précisez votre pensée)

....

Identité cosmique de votre ascendant

Lignée ....
Élément ....
Rôle ....
Planète ....
Bienfait ....
Saison ....
Nature ....

Cochez les domaines concernés

- ○ Famille
- ○ Amis
- ○ Amour
- ○ Études
- ○ Travail
- ○ Argent
- ○ Forme
- ○ Sport
- ○ Loisirs

60 ans

Année ....

du ....
au ....

Ascendant annuel

....

Ville de résidence du jour de mon anniversaire

....

Ressenti général de l'année avec cet ascendant annuel

☆ ☆ ☆ ☆ ☆

Événements marquants

(notez uniquement les plus importants)

....

Influence psychologique

(précisez votre pensée)

....

Identité cosmique de votre ascendant

Lignée ....
Élément ....
Rôle ....
Planète ....
Bienfait ....
Saison ....
Nature ....

Cochez les domaines concernés

- ○ Famille
- ○ Amis
- ○ Amour
- ○ Études
- ○ Travail
- ○ Argent
- ○ Forme
- ○ Sport
- ○ Loisirs

61 ans
Année ....
du ....
au ....

Ascendant annuel

....

Ville de résidence du jour de mon anniversaire

....

Ressenti général de l'année avec cet ascendant annuel

☆ ☆ ☆ ☆ ☆

Événements marquants

(notez uniquement les plus importants)

Identité cosmique de votre ascendant

- Lignée ....
- Élément ....
- Rôle ....
- Planète ....
- Bienfait ....
- Saison ....
- Nature ....

Influence psychologique

(précisez votre pensée)

Cochez les domaines concernés

- ○ Famille
- ○ Amis
- ○ Amour
- ○ Études
- ○ Travail
- ○ Argent
- ○ Forme
- ○ Sport
- ○ Loisirs

62 ans
Année ....
du ....
au ....

Ascendant annuel

....

Ville de résidence du jour de mon anniversaire

....

Ressenti général de l'année avec cet ascendant annuel

☆ ☆ ☆ ☆ ☆

Événements marquants

(notez uniquement les plus importants)

Identité cosmique de votre ascendant

- Lignée ....
- Élément ....
- Rôle ....
- Planète ....
- Bienfait ....
- Saison ....
- Nature ....

Influence psychologique

(précisez votre pensée)

Cochez les domaines concernés

- ○ Famille
- ○ Amis
- ○ Amour
- ○ Études
- ○ Travail
- ○ Argent
- ○ Forme
- ○ Sport
- ○ Loisirs

63 ans

Année ....

du ....
au ....

Ascendant annuel

....

Ressenti général de l'année avec cet ascendant annuel

☆ ☆ ☆ ☆ ☆

Ville de résidence du jour de mon anniversaire

....

Événements marquants

(notez uniquement les plus importants)

....

Identité cosmique de votre ascendant

Lignée ....

Élément ....

Pôle ....

Planète ....

Bienfait ....

Saison ....

Nature ....

Influence psychologique

(précisez votre pensée)

....

Cochez les domaines concernés

- ○ Famille
- ○ Amis
- ○ Amour
- ○ Études
- ○ Travail
- ○ Argent
- ○ Forme
- ○ Sport
- ○ Loisirs

64 ans

Année ....

du ....
au ....

Ascendant annuel

....

Ressenti général de l'année avec cet ascendant annuel

☆ ☆ ☆ ☆ ☆

Ville de résidence du jour de mon anniversaire

....

Événements marquants

(notez uniquement les plus importants)

....

Identité cosmique de votre ascendant

Lignée ....

Élément ....

Pôle ....

Planète ....

Bienfait ....

Saison ....

Nature ....

Influence psychologique

(précisez votre pensée)

....

Cochez les domaines concernés

- ○ Famille
- ○ Amis
- ○ Amour
- ○ Études
- ○ Travail
- ○ Argent
- ○ Forme
- ○ Sport
- ○ Loisirs

Ascendant annuel

65 ans
Année ....
du ....
au ....

Ressenti général de l'année avec cet ascendant annuel
☆ ☆ ☆ ☆ ☆

Ville de résidence du jour de mon anniversaire

....

Identité cosmique de votre ascendant

Lignée ....
Élément ....
Rôle ....
Planète ....
Bienfait ....
Saison ....
Nature ....

Événements marquants

(notez uniquement les plus importants)

....

Influence psychologique

(précisez votre pensée)

....

Cochez les domaines concernés

- ○ Famille
- ○ Amis
- ○ Amour
- ○ Études
- ○ Travail
- ○ Argent
- ○ Forme
- ○ Sport
- ○ Loisirs

Ascendant annuel

66 ans
Année ....
du ....
au ....

Ressenti général de l'année avec cet ascendant annuel
☆ ☆ ☆ ☆ ☆

Ville de résidence du jour de mon anniversaire

....

Identité cosmique de votre ascendant

Lignée ....
Élément ....
Rôle ....
Planète ....
Bienfait ....
Saison ....
Nature ....

Événements marquants

(notez uniquement les plus importants)

....

Influence psychologique

(précisez votre pensée)

....

Cochez les domaines concernés

- ○ Famille
- ○ Amis
- ○ Amour
- ○ Études
- ○ Travail
- ○ Argent
- ○ Forme
- ○ Sport
- ○ Loisirs

67 ans

Année ....

du ....
au ....

Ascendant annuel

....

Ressenti général de l'année avec cet ascendant annuel

☆ ☆ ☆ ☆ ☆

Ville de résidence du jour de mon anniversaire

....

Identité cosmique de votre ascendant

Lignée ....

Élément ....

Rôle ....

Planète ....

Bienfait ....

Saison ....

Nature ....

Événements marquants

(notez uniquement les plus importants)

....

Influence psychologique

(précisez votre pensée)

....

Cochez les domaines concernés

- ○ Famille
- ○ Amis
- ○ Amour
- ○ Études
- ○ Travail
- ○ Argent
- ○ Forme
- ○ Sport
- ○ Loisirs

68 ans

Année ....

du ....
au ....

Ascendant annuel

....

Ressenti général de l'année avec cet ascendant annuel

☆ ☆ ☆ ☆ ☆

Ville de résidence du jour de mon anniversaire

....

Identité cosmique de votre ascendant

Lignée ....

Élément ....

Rôle ....

Planète ....

Bienfait ....

Saison ....

Nature ....

Événements marquants

(notez uniquement les plus importants)

....

Influence psychologique

(précisez votre pensée)

....

Cochez les domaines concernés

- ○ Famille
- ○ Amis
- ○ Amour
- ○ Études
- ○ Travail
- ○ Argent
- ○ Forme
- ○ Sport
- ○ Loisirs

Ascendant annuel

69 ans

Année ....

du ....

au ....

Ressenti général de l'année avec cet ascendant annuel

☆ ☆ ☆ ☆ ☆

Ville de résidence du jour de mon anniversaire

....

Événements marquants

(notez uniquement les plus importants)

Identité cosmique de votre ascendant

- Lignée ....
- Élément ....
- Rôle ....
- Planète ....
- Bienfait ....
- Saison ....
- Nature ....

Cochez les domaines concernés

- ○ Famille
- ○ Amis
- ○ Amour
- ○ Études
- ○ Travail
- ○ Argent
- ○ Forme
- ○ Sport
- ○ Loisirs

Influence psychologique

(précisez votre pensée)

Ascendant annuel

70 ans

Année ....

du ....

au ....

Ressenti général de l'année avec cet ascendant annuel

☆ ☆ ☆ ☆ ☆

Ville de résidence du jour de mon anniversaire

....

Événements marquants

(notez uniquement les plus importants)

Identité cosmique de votre ascendant

- Lignée ....
- Élément ....
- Rôle ....
- Planète ....
- Bienfait ....
- Saison ....
- Nature ....

Cochez les domaines concernés

- ○ Famille
- ○ Amis
- ○ Amour
- ○ Études
- ○ Travail
- ○ Argent
- ○ Forme
- ○ Sport
- ○ Loisirs

Influence psychologique

(précisez votre pensée)

71 ans

Année ....

du ....
au ....

Ascendant annuel

....

Ressenti général de l'année avec cet ascendant annuel

☆ ☆ ☆ ☆ ☆

Ville de résidence du jour de mon anniversaire

....

Identité cosmique de votre ascendant

Lignée ....
Élément ....
Rôle ....
Planète ....
Bienfait ....
Saison ....
Nature ....

Événements marquants

(notez uniquement les plus importants)

....

Influence psychologique

(précisez votre pensée)

....

Cochez les domaines concernés

- ○ Famille
- ○ Amis
- ○ Amour
- ○ Études
- ○ Travail
- ○ Argent
- ○ Forme
- ○ Sport
- ○ Loisirs

72 ans

Année ....

du ....
au ....

Ascendant annuel

....

Ressenti général de l'année avec cet ascendant annuel

☆ ☆ ☆ ☆ ☆

Ville de résidence du jour de mon anniversaire

....

Identité cosmique de votre ascendant

Lignée ....
Élément ....
Rôle ....
Planète ....
Bienfait ....
Saison ....
Nature ....

Événements marquants

(notez uniquement les plus importants)

....

Influence psychologique

(précisez votre pensée)

....

Cochez les domaines concernés

- ○ Famille
- ○ Amis
- ○ Amour
- ○ Études
- ○ Travail
- ○ Argent
- ○ Forme
- ○ Sport
- ○ Loisirs

73 ans

Année ....

du ....
au ....

Ascendant annuel

....

Ville de résidence du jour de mon anniversaire

....

Ressenti général de l'année avec cet ascendant annuel

☆ ☆ ☆ ☆ ☆

Identité cosmique de votre ascendant

Lignée ....
Élément ....
Rôle ....
Planète ....
Bienfait ....
Saison ....
Nature ....

Événements marquants

(notez uniquement les plus importants)

....
....
....
....
....
....

Influence psychologique

(précisez votre pensée)

....
....
....
....

Cochez les domaines concernés

- ○ Famille
- ○ Amis
- ○ Amour
- ○ Études
- ○ Travail
- ○ Argent
- ○ Forme
- ○ Sport
- ○ Loisirs

74 ans

Année ....

du ....
au ....

Ascendant annuel

....

Ville de résidence du jour de mon anniversaire

....

Ressenti général de l'année avec cet ascendant annuel

☆ ☆ ☆ ☆ ☆

Identité cosmique de votre ascendant

Lignée ....
Élément ....
Rôle ....
Planète ....
Bienfait ....
Saison ....
Nature ....

Événements marquants

(notez uniquement les plus importants)

....
....
....
....
....
....

Influence psychologique

(précisez votre pensée)

....
....
....
....

Cochez les domaines concernés

- ○ Famille
- ○ Amis
- ○ Amour
- ○ Études
- ○ Travail
- ○ Argent
- ○ Forme
- ○ Sport
- ○ Loisirs

75 ans

Année ....

du ....

au ....

Ascendant annuel

....

Ville de résidence du jour de mon anniversaire

....

Ressenti général de l'année avec cet ascendant annuel

☆ ☆ ☆ ☆ ☆

Événements marquants

(notez uniquement les plus importants)

Identité cosmique de votre ascendant

Lignée ....

Élément ....

Rôle ....

Planète ....

Bienfait ....

Saison ....

Nature ....

Influence psychologique

(précisez votre pensée)

Cochez les domaines concernés

- ○ Famille
- ○ Amis
- ○ Amour
- ○ Études
- ○ Travail
- ○ Argent
- ○ Forme
- ○ Sport
- ○ Loisirs

76 ans

Année ....

du ....

au ....

Ascendant annuel

....

Ville de résidence du jour de mon anniversaire

....

Ressenti général de l'année avec cet ascendant annuel

☆ ☆ ☆ ☆ ☆

Événements marquants

(notez uniquement les plus importants)

Identité cosmique de votre ascendant

Lignée ....

Élément ....

Rôle ....

Planète ....

Bienfait ....

Saison ....

Nature ....

Influence psychologique

(précisez votre pensée)

Cochez les domaines concernés

- ○ Famille
- ○ Amis
- ○ Amour
- ○ Études
- ○ Travail
- ○ Argent
- ○ Forme
- ○ Sport
- ○ Loisirs

77 ans

Année ....

du ....
au ....

Ascendant annuel

....

Ressenti général de l'année avec cet ascendant annuel

☆ ☆ ☆ ☆ ☆

Ville de résidence du jour de mon anniversaire

....

Identité cosmique de votre ascendant

Lignée ....

Élément ....

Rôle ....

Planète ....

Bienfait ....

Saison ....

Nature ....

Événements marquants

(notez uniquement les plus importants)

....

Influence psychologique

(précisez votre pensée)

....

Cochez les domaines concernés

- ○ Famille
- ○ Amis
- ○ Amour
- ○ Études
- ○ Travail
- ○ Argent
- ○ Forme
- ○ Sport
- ○ Loisirs

78 ans

Année ....

du ....
au ....

Ascendant annuel

....

Ressenti général de l'année avec cet ascendant annuel

☆ ☆ ☆ ☆ ☆

Ville de résidence du jour de mon anniversaire

....

Identité cosmique de votre ascendant

Lignée ....

Élément ....

Rôle ....

Planète ....

Bienfait ....

Saison ....

Nature ....

Événements marquants

(notez uniquement les plus importants)

....

Influence psychologique

(précisez votre pensée)

....

Cochez les domaines concernés

- ○ Famille
- ○ Amis
- ○ Amour
- ○ Études
- ○ Travail
- ○ Argent
- ○ Forme
- ○ Sport
- ○ Loisirs

79 ans

Année ....

du ....
au ....

Ascendant annuel

....

Ville de résidence du jour de mon anniversaire

....

Ressenti général de l'année avec cet ascendant annuel

☆ ☆ ☆ ☆ ☆

Événements marquants

(notez uniquement les plus importants)

Identité cosmique de votre ascendant

Lignée ....
Élément ....
Rôle ....
Planète ....
Bienfait ....
Saison ....
Nature ....

Influence psychologique

(précisez votre pensée)

Cochez les domaines concernés

- ○ Famille
- ○ Amis
- ○ Amour
- ○ Études
- ○ Travail
- ○ Argent
- ○ Forme
- ○ Sport
- ○ Loisirs

80 ans

Année ....

du ....
au ....

Ascendant annuel

....

Ville de résidence du jour de mon anniversaire

....

Ressenti général de l'année avec cet ascendant annuel

☆ ☆ ☆ ☆ ☆

Événements marquants

(notez uniquement les plus importants)

Identité cosmique de votre ascendant

Lignée ....
Élément ....
Rôle ....
Planète ....
Bienfait ....
Saison ....
Nature ....

Influence psychologique

(précisez votre pensée)

Cochez les domaines concernés

- ○ Famille
- ○ Amis
- ○ Amour
- ○ Études
- ○ Travail
- ○ Argent
- ○ Forme
- ○ Sport
- ○ Loisirs

Ascendant annuel

....

81 ans

Année ....

du ....

au ....

Ville de résidence du jour de mon anniversaire

....

Ressenti général de l'année avec cet ascendant annuel

☆ ☆ ☆ ☆ ☆

Événements marquants

(notez uniquement les plus importants)

Identité cosmique de votre ascendant

Lignée	....
Élément	....
Rôle	....
Planète	....
Bienfait	....
Saison	....
Nature	....

Influence psychologique

(précisez votre pensée)

Cochez les domaines concernés

- ○ Famille
- ○ Amis
- ○ Amour
- ○ Études
- ○ Travail
- ○ Argent
- ○ Forme
- ○ Sport
- ○ Loisirs

Ascendant annuel

....

82 ans

Année ....

du ....

au ....

Ville de résidence du jour de mon anniversaire

....

Ressenti général de l'année avec cet ascendant annuel

☆ ☆ ☆ ☆ ☆

Événements marquants

(notez uniquement les plus importants)

Identité cosmique de votre ascendant

Lignée	....
Élément	....
Rôle	....
Planète	....
Bienfait	....
Saison	....
Nature	....

Influence psychologique

(précisez votre pensée)

Cochez les domaines concernés

- ○ Famille
- ○ Amis
- ○ Amour
- ○ Études
- ○ Travail
- ○ Argent
- ○ Forme
- ○ Sport
- ○ Loisirs

83 ans

Année ....

du ....

au ....

Ascendant annuel

....

Ville de résidence du jour de mon anniversaire

....

Ressenti général de l'année avec cet ascendant annuel

☆ ☆ ☆ ☆ ☆

Événements marquants

(notez uniquement les plus importants)

....

....

....

....

....

....

Identité cosmique de votre ascendant

Lignée	....
Élément	....
Rôle	....
Planète	....
Bienfaít	....
Saison	....
Nature	....

Influence psychologique

(précisez votre pensée)

....

....

....

....

Cochez les domaines concernés

- ○ Famille
- ○ Amis
- ○ Amour
- ○ Études
- ○ Travail
- ○ Argent
- ○ Forme
- ○ Sport
- ○ Loisirs

84 ans

Année ....

du ....

au ....

Ascendant annuel

....

Ville de résidence du jour de mon anniversaire

....

Ressenti général de l'année avec cet ascendant annuel

☆ ☆ ☆ ☆ ☆

Événements marquants

(notez uniquement les plus importants)

....

....

....

....

....

....

Identité cosmique de votre ascendant

Lignée	....
Élément	....
Rôle	....
Planète	....
Bienfait	....
Saison	....
Nature	....

Influence psychologique

(précisez votre pensée)

....

....

....

....

Cochez les domaines concernés

- ○ Famille
- ○ Amis
- ○ Amour
- ○ Études
- ○ Travail
- ○ Argent
- ○ Forme
- ○ Sport
- ○ Loisirs

85 ans

Année ....

du ....
au ....

Ascendant annuel

....

Ressenti général de l'année avec cet ascendant annuel

☆ ☆ ☆ ☆ ☆

Ville de résidence du jour de mon anniversaire

....

Identité cosmique de votre ascendant

Lignée ....
Élément ....
Rôle ....
Planète ....
Bienfait ....
Saison ....
Nature ....

Événements marquants

(notez uniquement les plus importants)

....

Influence psychologique

(précisez votre pensée)

....

Cochez les domaines concernés

- ○ Famille
- ○ Amis
- ○ Amour
- ○ Études
- ○ Travail
- ○ Argent
- ○ Forme
- ○ Sport
- ○ Loisirs

86 ans

Année ....

du ....
au ....

Ascendant annuel

....

Ressenti général de l'année avec cet ascendant annuel

☆ ☆ ☆ ☆ ☆

Ville de résidence du jour de mon anniversaire

....

Identité cosmique de votre ascendant

Lignée ....
Élément ....
Rôle ....
Planète ....
Bienfait ....
Saison ....
Nature ....

Événements marquants

(notez uniquement les plus importants)

....

Influence psychologique

(précisez votre pensée)

....

Cochez les domaines concernés

- ○ Famille
- ○ Amis
- ○ Amour
- ○ Études
- ○ Travail
- ○ Argent
- ○ Forme
- ○ Sport
- ○ Loisirs

87 ans

Année ....

du ....
au ....

Ascendant annuel

....

Ville de résidence du jour de mon anniversaire

....

Ressenti général de l'année avec cet ascendant annuel

☆ ☆ ☆ ☆ ☆

Identité cosmique de votre ascendant

Lignée ....
Élément ....
Rôle ....
Planète ....
Bienfait ....
Saison ....
Nature ....

Événements marquants

(notez uniquement les plus importants)

....

Influence psychologique

(précisez votre pensée)

....

Cochez les domaines concernés

- ○ Famille
- ○ Amis
- ○ Amour
- ○ Études
- ○ Travail
- ○ Argent
- ○ Forme
- ○ Sport
- ○ Loisirs

88 ans

Année ....

du ....
au ....

Ascendant annuel

....

Ville de résidence du jour de mon anniversaire

....

Ressenti général de l'année avec cet ascendant annuel

☆ ☆ ☆ ☆ ☆

Identité cosmique de votre ascendant

Lignée ....
Élément ....
Rôle ....
Planète ....
Bienfait ....
Saison ....
Nature ....

Événements marquants

(notez uniquement les plus importants)

....

Influence psychologique

(précisez votre pensée)

....

Cochez les domaines concernés

- ○ Famille
- ○ Amis
- ○ Amour
- ○ Études
- ○ Travail
- ○ Argent
- ○ Forme
- ○ Sport
- ○ Loisirs

Ascendant annuel

....

89 ans

Année ....

du ....
au ....

Ville de résidence du jour de mon anniversaire

....

Ressenti général de l'année avec cet ascendant annuel

☆ ☆ ☆ ☆ ☆

Événements marquants

(notez uniquement les plus importants)

....
....
....
....
....
....

Identité cosmique de votre ascendant

Lignée ....
Élément ....
Rôle ....
Planète ....
Bienfait ....
Saison ....
Nature ....

Influence psychologique

(précisez votre pensée)

....
....
....
....

Cochez les domaines concernés

- ○ Famille
- ○ Amis
- ○ Amour
- ○ Études
- ○ Travail
- ○ Argent
- ○ Forme
- ○ Sport
- ○ Loisirs

Ascendant annuel

....

90 ans

Année ....

du ....
au ....

Ville de résidence du jour de mon anniversaire

....

Ressenti général de l'année avec cet ascendant annuel

☆ ☆ ☆ ☆ ☆

Événements marquants

(notez uniquement les plus importants)

....
....
....
....
....
....

Identité cosmique de votre ascendant

Lignée ....
Élément ....
Rôle ....
Planète ....
Bienfait ....
Saison ....
Nature ....

Influence psychologique

(précisez votre pensée)

....
....
....
....

Cochez les domaines concernés

- ○ Famille
- ○ Amis
- ○ Amour
- ○ Études
- ○ Travail
- ○ Argent
- ○ Forme
- ○ Sport
- ○ Loisirs

91 ans

Année ....

du ....
au ....

Ascendant annuel

....

Ressenti général de l'année avec cet ascendant annuel

☆ ☆ ☆ ☆ ☆

Ville de résidence du jour de mon anniversaire

....

Identité cosmique de votre ascendant

Lignée ....

Élément ....

Rôle ....

Planète ....

Bienfait ....

Saison ....

Nature ....

Événements marquants

(notez uniquement les plus importants)

....

....

....

....

....

Influence psychologique

(précisez votre pensée)

....

....

....

....

Cochez les domaines concernés

- ○ Famille
- ○ Amis
- ○ Amour
- ○ Études
- ○ Travail
- ○ Argent
- ○ Forme
- ○ Sport
- ○ Loisirs

92 ans

Année ....

du ....
au ....

Ascendant annuel

....

Ressenti général de l'année avec cet ascendant annuel

☆ ☆ ☆ ☆ ☆

Ville de résidence du jour de mon anniversaire

....

Identité cosmique de votre ascendant

Lignée ....

Élément ....

Rôle ....

Planète ....

Bienfait ....

Saison ....

Nature ....

Événements marquants

(notez uniquement les plus importants)

....

....

....

....

....

Influence psychologique

(précisez votre pensée)

....

....

....

....

Cochez les domaines concernés

- ○ Famille
- ○ Amis
- ○ Amour
- ○ Études
- ○ Travail
- ○ Argent
- ○ Forme
- ○ Sport
- ○ Loisirs

Ascendant annuel

93 ans

Année ....

du ....

au ....

Ville de résidence du jour de mon anniversaire

....

Ressenti général de l'année avec cet ascendant annuel

☆ ☆ ☆ ☆ ☆

Événements marquants

(notez uniquement les plus importants)

Identité cosmique de votre ascendant

Lignée ....

Élément ....

Rôle ....

Planète ....

Bienfait ....

Saison ....

Nature ....

Cochez les domaines concernés

- ○ Famille
- ○ Amis
- ○ Amour
- ○ Études
- ○ Travail
- ○ Argent
- ○ Forme
- ○ Sport
- ○ Loisirs

Influence psychologique

(précisez votre pensée)

Ascendant annuel

94 ans

Année ....

du ....

au ....

Ville de résidence du jour de mon anniversaire

....

Ressenti général de l'année avec cet ascendant annuel

☆ ☆ ☆ ☆ ☆

Événements marquants

(notez uniquement les plus importants)

Identité cosmique de votre ascendant

Lignée ....

Élément ....

Rôle ....

Planète ....

Bienfait ....

Saison ....

Nature ....

Cochez les domaines concernés

- ○ Famille
- ○ Amis
- ○ Amour
- ○ Études
- ○ Travail
- ○ Argent
- ○ Forme
- ○ Sport
- ○ Loisirs

Influence psychologique

(précisez votre pensée)

Ascendant annuel

95 ans

Année ....

du ....
au ....

Ville de résidence du jour de mon anniversaire

....

Ressenti général de l'année avec cet ascendant annuel

☆ ☆ ☆ ☆ ☆

Événements marquants

(notez uniquement les plus importants)

Identité cosmique de votre ascendant

Lignée ....
Élément ....
Rôle ....
Planète ....
Bienfait ....
Saison ....
Nature ....

Influence psychologique

(précisez votre pensée)

Cochez les domaines concernés

○ Famille
○ Amis
○ Amour
○ Études
○ Travail
○ Argent
○ Forme
○ Sport
○ Loisirs

Ascendant annuel

96 ans

Année ....

du ....
au ....

Ville de résidence du jour de mon anniversaire

....

Ressenti général de l'année avec cet ascendant annuel

☆ ☆ ☆ ☆ ☆

Événements marquants

(notez uniquement les plus importants)

Identité cosmique de votre ascendant

Lignée ....
Élément ....
Rôle ....
Planète ....
Bienfait ....
Saison ....
Nature ....

Influence psychologique

(précisez votre pensée)

Cochez les domaines concernés

○ Famille
○ Amis
○ Amour
○ Études
○ Travail
○ Argent
○ Forme
○ Sport
○ Loisirs

97 ans

Année ....

du ....
au ....

Ascendant annuel

....

Ressenti général de l'année avec cet ascendant annuel

☆ ☆ ☆ ☆ ☆

Ville de résidence du jour de mon anniversaire

....

Identité cosmique de votre ascendant

Lignée ....
Élément ....
Rôle ....
Planète ....
Bienfait ....
Saison ....
Nature ....

Événements marquants

(notez uniquement les plus importants)

....

Influence psychologique

(précisez votre pensée)

....

Cochez les domaines concernés

○ Famille
○ Amis
○ Amour
○ Études
○ Travail
○ Argent
○ Forme
○ Sport
○ Loisirs

98 ans

Année ....

du ....
au ....

Ascendant annuel

....

Ressenti général de l'année avec cet ascendant annuel

☆ ☆ ☆ ☆ ☆

Ville de résidence du jour de mon anniversaire

....

Identité cosmique de votre ascendant

Lignée ....
Élément ....
Rôle ....
Planète ....
Bienfait ....
Saison ....
Nature ....

Événements marquants

(notez uniquement les plus importants)

....

Influence psychologique

(précisez votre pensée)

....

Cochez les domaines concernés

○ Famille
○ Amis
○ Amour
○ Études
○ Travail
○ Argent
○ Forme
○ Sport
○ Loisirs

Ascendant annuel

99 ans

Année ……………

du ……………

au ……………

Ville de résidence du jour de mon anniversaire

……………

Ressenti général de l'année avec cet ascendant annuel

☆ ☆ ☆ ☆ ☆

Événements marquants

(notez uniquement les plus importants)

Identité cosmique de votre ascendant

- Lignée ……………
- Élément ……………
- Rôle ……………
- Planète ……………
- Bienfait ……………
- Saison ……………
- Nature ……………

Cochez les domaines concernés

- ○ Famille
- ○ Amis
- ○ Amour
- ○ Études
- ○ Travail
- ○ Argent
- ○ Forme
- ○ Sport
- ○ Loisirs

Influence psychologique

(précisez votre pensée)

Ascendant annuel

100 ans

Année ……………

du ……………

au ……………

Ville de résidence du jour de mon anniversaire

……………

Ressenti général de l'année avec cet ascendant annuel

☆ ☆ ☆ ☆ ☆

Événements marquants

(notez uniquement les plus importants)

Identité cosmique de votre ascendant

- Lignée ……………
- Élément ……………
- Rôle ……………
- Planète ……………
- Bienfait ……………
- Saison ……………
- Nature ……………

Cochez les domaines concernés

- ○ Famille
- ○ Amis
- ○ Amour
- ○ Études
- ○ Travail
- ○ Argent
- ○ Forme
- ○ Sport
- ○ Loisirs

Influence psychologique

(précisez votre pensée)

101 ans

Année ....

du ....
au ....

Ascendant annuel

....

Ville de résidence du jour de mon anniversaire

....

Ressenti général de l'année avec cet ascendant annuel

☆ ☆ ☆ ☆ ☆

Identité cosmique de votre ascendant

Lignée	....
Élément	....
Rôle	....
Planète	....
Bienfait	....
Saison	....
Nature	....

Événements marquants

(notez uniquement les plus importants)

....

Influence psychologique

(précisez votre pensée)

....

Cochez les domaines concernés

- ○ Famille
- ○ Amis
- ○ Amour
- ○ Études
- ○ Travail
- ○ Argent
- ○ Forme
- ○ Sport
- ○ Loisirs

102 ans

Année ....

du ....
au ....

Ascendant annuel

....

Ville de résidence du jour de mon anniversaire

....

Ressenti général de l'année avec cet ascendant annuel

☆ ☆ ☆ ☆ ☆

Identité cosmique de votre ascendant

Lignée	....
Élément	....
Rôle	....
Planète	....
Bienfait	....
Saison	....
Nature	....

Événements marquants

(notez uniquement les plus importants)

....

Influence psychologique

(précisez votre pensée)

....

Cochez les domaines concernés

- ○ Famille
- ○ Amis
- ○ Amour
- ○ Études
- ○ Travail
- ○ Argent
- ○ Forme
- ○ Sport
- ○ Loisirs

Ascendant annuel

....

103 ans

Année ....

du ....

au ....

Ville de résidence du jour de mon anniversaire

....

Ressenti général de l'année avec cet ascendant annuel

☆ ☆ ☆ ☆ ☆

Événements marquants

(notez uniquement les plus importants)

Identité cosmique de votre ascendant

Lignée	....
Élément	....
Rôle	....
Planète	....
Bienfait	....
Saison	....
Nature	....

....

....

....

....

....

....

Influence psychologique

(précisez votre pensée)

....

....

....

....

Cochez les domaines concernés

- ◯ Famille
- ◯ Amis
- ◯ Amour
- ◯ Études
- ◯ Travail
- ◯ Argent
- ◯ Forme
- ◯ Sport
- ◯ Loisirs

Ascendant annuel

....

104 ans

Année ....

du ....

au ....

Ville de résidence du jour de mon anniversaire

....

Ressenti général de l'année avec cet ascendant annuel

☆ ☆ ☆ ☆ ☆

Événements marquants

(notez uniquement les plus importants)

Identité cosmique de votre ascendant

Lignée	....
Élément	....
Rôle	....
Planète	....
Bienfait	....
Saison	....
Nature	....

....

....

....

....

....

....

Influence psychologique

(précisez votre pensée)

....

....

....

....

Cochez les domaines concernés

- ◯ Famille
- ◯ Amis
- ◯ Amour
- ◯ Études
- ◯ Travail
- ◯ Argent
- ◯ Forme
- ◯ Sport
- ◯ Loisirs

105 ans

Année ....

du ....
au ....

Ascendant annuel

....

Ville de résidence du jour de mon anniversaire

....

Ressenti général de l'année avec cet ascendant annuel

☆ ☆ ☆ ☆ ☆

Identité cosmique de votre ascendant

Lignée ....
Élément ....
Rôle ....
Planète ....
Bienfait ....
Saison ....
Nature ....

Événements marquants

(notez uniquement les plus importants)

....

Influence psychologique

(précisez votre pensée)

....

Cochez les domaines concernés

- ○ Famille
- ○ Amis
- ○ Amour
- ○ Études
- ○ Travail
- ○ Argent
- ○ Forme
- ○ Sport
- ○ Loisirs

106 ans

Année ....

du ....
au ....

Ascendant annuel

....

Ville de résidence du jour de mon anniversaire

....

Ressenti général de l'année avec cet ascendant annuel

☆ ☆ ☆ ☆ ☆

Identité cosmique de votre ascendant

Lignée ....
Élément ....
Rôle ....
Planète ....
Bienfait ....
Saison ....
Nature ....

Événements marquants

(notez uniquement les plus importants)

....

Influence psychologique

(précisez votre pensée)

....

Cochez les domaines concernés

- ○ Famille
- ○ Amis
- ○ Amour
- ○ Études
- ○ Travail
- ○ Argent
- ○ Forme
- ○ Sport
- ○ Loisirs

107 ans

Année ....

du ....

au ....

Ascendant annuel

....

Ville de résidence du jour de mon anniversaire

....

Ressenti général de l'année avec cet ascendant annuel

☆ ☆ ☆ ☆ ☆

Identité cosmique de votre ascendant

Lignée ....

Élément ....

Rôle ....

Planète ....

Bienfait ....

Saison ....

Nature ....

Événements marquants

(notez uniquement les plus importants)

....

Influence psychologique

(précisez votre pensée)

....

Cochez les domaines concernés

- ○ Famille
- ○ Amis
- ○ Amour
- ○ Études
- ○ Travail
- ○ Argent
- ○ Forme
- ○ Sport
- ○ Loisirs

108 ans

Année ....

du ....

au ....

Ascendant annuel

....

Ville de résidence du jour de mon anniversaire

....

Ressenti général de l'année avec cet ascendant annuel

☆ ☆ ☆ ☆ ☆

Identité cosmique de votre ascendant

Lignée ....

Élément ....

Rôle ....

Planète ....

Bienfait ....

Saison ....

Nature ....

Événements marquants

(notez uniquement les plus importants)

....

Influence psychologique

(précisez votre pensée)

....

Cochez les domaines concernés

- ○ Famille
- ○ Amis
- ○ Amour
- ○ Études
- ○ Travail
- ○ Argent
- ○ Forme
- ○ Sport
- ○ Loisirs

Ascendant annuel

109 ans

Année ....

du ....

au ....

Ville de résidence du jour de mon anniversaire

....

Ressenti général de l'année avec cet ascendant annuel

☆ ☆ ☆ ☆ ☆

Événements marquants

(notez uniquement les plus importants)

Identité cosmique de votre ascendant

Lignée ....

Élément ....

Rôle ....

Planète ....

Bienfait ....

Saison ....

Nature ....

Influence psychologique

(précisez votre pensée)

Cochez les domaines concernés

- ○ Famille
- ○ Amis
- ○ Amour
- ○ Études
- ○ Travail
- ○ Argent
- ○ Forme
- ○ Sport
- ○ Loisirs

Ascendant annuel

110 ans

Année ....

du ....

au ....

Ville de résidence du jour de mon anniversaire

....

Ressenti général de l'année avec cet ascendant annuel

☆ ☆ ☆ ☆ ☆

Événements marquants

(notez uniquement les plus importants)

Identité cosmique de votre ascendant

Lignée ....

Élément ....

Rôle ....

Planète ....

Bienfait ....

Saison ....

Nature ....

Influence psychologique

(précisez votre pensée)

Cochez les domaines concernés

- ○ Famille
- ○ Amis
- ○ Amour
- ○ Études
- ○ Travail
- ○ Argent
- ○ Forme
- ○ Sport
- ○ Loisirs

111 ans

Année ....

du ....
au ....

Ascendant annuel

....

Ville de résidence du jour de mon anniversaire

....

Ressenti général de l'année avec cet ascendant annuel

☆ ☆ ☆ ☆ ☆

Identité cosmique de votre ascendant

Lignée ....
Élément ....
Rôle ....
Planète ....
Bienfait ....
Saison ....
Nature ....

Événements marquants

(notez uniquement les plus importants)

....

Influence psychologique

(précisez votre pensée)

....

Cochez les domaines concernés

- ○ Famille
- ○ Amis
- ○ Amour
- ○ Études
- ○ Travail
- ○ Argent
- ○ Forme
- ○ Sport
- ○ Loisirs

112 ans

Année ....

du ....
au ....

Ascendant annuel

....

Ville de résidence du jour de mon anniversaire

....

Ressenti général de l'année avec cet ascendant annuel

☆ ☆ ☆ ☆ ☆

Identité cosmique de votre ascendant

Lignée ....
Élément ....
Rôle ....
Planète ....
Bienfait ....
Saison ....
Nature ....

Événements marquants

(notez uniquement les plus importants)

....

Influence psychologique

(précisez votre pensée)

....

Cochez les domaines concernés

- ○ Famille
- ○ Amis
- ○ Amour
- ○ Études
- ○ Travail
- ○ Argent
- ○ Forme
- ○ Sport
- ○ Loisirs

Feuille de changements d'ascendants

Année de la révolution solaire	Villes sélectionnées pour le calcul de la révolution solaire	Ascendants annuels prévisionnels

Feuille de changements d'ascendants

Année de la révolution solaire	Villes sélectionnées pour le calcul de la révolution solaire	Ascendants annuels prévisionnels

Feuille de changements d'ascendants

Année de la révolution solaire	Villes sélectionnées pour le calcul de la révolution solaire	Ascendants annuels prévisionnels

Feuille de changements d'ascendants

Année de la révolution solaire	Villes sélectionnées pour le calcul de la révolution solaire	Ascendants annuels prévisionnels

Feuille de changements d'ascendants

Année de la révolution solaire	Villes sélectionnées pour le calcul de la révolution solaire	Ascendants annuels prévisionnels

Feuille de changements d'ascendants

Année de la révolution solaire	Villes sélectionnées pour le calcul de la révolution solaire	Ascendants annuels prévisionnels

Feuille de changements d'ascendants

Année de la révolution solaire	Villes sélectionnées pour le calcul de la révolution solaire	Ascendants annuels prévisionnels

Feuille de changements d'ascendants

Année de la révolution solaire	Villes sélectionnées pour le calcul de la révolution solaire	Ascendants annuels prévisionnels

Feuille de changements d'ascendants

Année de la révolution solaire	Villes sélectionnées pour le calcul de la révolution solaire	Ascendants annuels prévisionnels

Feuille de changements d'ascendants

Année de la révolution solaire	Villes sélectionnées pour le calcul de la révolution solaire	Ascendants annuels prévisionnels

NOTES

NOTES

NOTES

NOTES

ANNEXES

*Pour votre anniversaire,
offrez-vous l'ascendant annuel de vos rêves
avec la carte du monde zodiacale.*

Bibliographie

Le jardin divinatoire de la déesse de la Lune - Éditions Le Lotus et l'Éléphant - 2025
Le jeu du Zodiaque - Éditions Le Lotus et l'Éléphant - 2024
Les dés d'Isis - Éditions Le Lotus et l'Éléphant - 2023
Les secrets du Zodiaque dévoilés - Éditions Le Lotus et l'Éléphant - 2022
Vivre en harmonie avec la Lune - Éditions 365 – 2022

Remerciements

À Julie, Bélier ascendant Lion, qui a tout de suite perçu le potentiel de ce livre.
À ma fille Samantha, la Lionne ascendant Poissons qui me soutient avec amour sans jamais faillir.
À Sophie, la Lionne ascendant Gémeaux, à Helen, la Balance ascendant Scorpion et à Sophie, la Lionne ascendant Vierge, chez qui je trouve l'inspiration face à la mer.
À mes fidèles lectrices qui attendent ce livre avec impatience pour expérimenter leurs ascendants annuels et cheminer plus sereinement sur leur chemin de lumière, au fil des âges.
À ma maison d'édition Le Lotus et l'Éléphant et à toutes les équipes qui m'ont fait confiance, en particulier Séverine, Grégoire, Sandrine, mon illustratrice, qui avait travaillé sur Les dés d'Isis *et Martine Seigneur, dont le nom est déjà tout un programme, et tous les autres qui ont participé à l'élaboration, à la fabrication et à la diffusion de ce bel ouvrage.*

JOYCE DUVAL, ASTROLOGUE

Contactez-moi pour prendre des cours particuliers
d'Astrologie ou de Tarot de Marseille,
me consulter pour une séance de tarot,
un thème natal ou une révolution solaire,
me poser une question relative à cet ouvrage,
à un calcul d'ascendant annuel ou prévisionnel.

Que les astres soient avec vous.
Joyce

Site : ***www.ecoleduzodiaque.fr***
Webzine : ***www.horomag.blogspot.fr***

58, rue Jean Bleuzen – 92178 Vanves Cedex

Édition : Grégoire Provost
Fabrication : Anne-Laure Soyez
Mise en page : Sandrine Fourrier
Illustrations : © Sandrine Fourrier, iStockphoto/ Elico-Gaia
(carte du Monde: p.131 à p.143-fin du livre)
Préparation de copie : Marjorie Demaria
Responsable partenariats : Dana Lichiardopol (dlichiardopol@hachette-livre.fr)

Contacter l'éditeur :
support@lelotusetlelephant.com

Dépôt légal : octobre 2025

ISBN : 978-2-01727968-6/01
81-1042-5

Achevé d'imprimer en Espagne

Nous utilisons des papiers composés de fibres naturelles, renouvelables, recyclables et fabriqués à partir de bois issus de forêts adoptant un système d'aménagement durable. En outre, nous travaillons avec des fournisseurs de papier qui s'inscrivent dans une démarche de certification environnementale reconnue.

PAPIER À BASE DE FIBRES CERTIFIÉES

hachette s'engage pour l'environnement en réduisant l'empreinte carbone de ses livres. Celle de cet exemplaire est de :
1,3 kg éq. CO_2
Rendez-vous sur www.hachette-durable.fr